Gesetz,

das

Unschädlichkeitszeugniß

betreffend

vom 15. Juni 1898.

Handausgabe

mit

einleitendem Text, Anmerkungen und Sachregister

sowie

zwei Anhängen,

enthaltend

eine vergl. Zusammenstellung der Entwürfe mit dem Gesetzestext und Beispiele

von

Heinrich Kaisenberg,
k. Notar in Augsburg.

München.
J. Schweitzer Verlag (Arthur Sellier.)
1899.

Vorwort.

In der Reihe der auf Grund des Bürgerlichen Gesetzbuches und des Einführungsgesetzes hiezu für Bayern zu erlassenden Ausführungsgesetze und Vollzugsbestimmungen sind bisher erst drei Gesetze nebst hiezu gehörigen Vollzugsvorschriften erlassen, nämlich das Gesetz vom 18. Juni 1898, die Vorbereitung der Anlegung des Grundbuchs in den Landestheilen rechts des Rheins betreffend, das Gesetz vom 1. Juli 1898 über das Liegenschaftsrecht in der Pfalz und das Gesetz vom 15. Juni 1898, das Unschädlichkeitszeugniß betreffend. Während erstere beiden Gesetze, welche die Ueberleitung des bisher im rechtsrheinischen Bayern geltenden Pfandbuchsystems und des in der Pfalz bisher geltenden Inskriptionssystems des französischen Rechtes in das Grundbuchsystem des Bürgerlichen Gesetzbuchs vermitteln, als Zwischengesetze nur vorübergehende Geltung und Bedeutung bis zur Anlage des Grundbuchs und auf die Dauer der Uebergangsbestimmungen haben, ist das zugleich zeitlich als erstes Gesetz erschienene Gesetz vom 15. Juni 1898, das Unschädlichkeitszeugniß betreffend, das erste Ausführungsgesetz von bleibender Dauer, welches zugleich für das diesseitige wie jenseitige Bayern gilt.

Wie der Name, so ist auch der Gegenstand des Gesetzes für Bayern vollständig neu und fremd. So leicht verständlich und naheliegend der Grundgedanke und der Zweck des Gesetzes sind, durch ein gerichtliches Verfahren festzustellen, daß die Abtrennung einer verhältnißmäßig geringen Parzelle von einem mit Hypotheken oder sonstigen dinglichen Rechten belasteten Grundstücke für diese Rechte unschädlich sei, und hiedurch die lastenfreie Veräußerung solcher kleinen Grundstückstheile zu erleichtern, so wird doch bei eingehenderem Studium des Gesetzes, welches in einundzwanzig kurzen Artikeln eine Reihe wichtiger Neuerungen gegenüber dem bisherigen Rechte behandelt, nicht bloß der Anfänger sondern auch der mit Anwendung des Gesetzes befaßte Richter gar bald die Sprödigkeit des Gesetzesstoffes und dessen technisch-juristische Schwierigkeiten erfahren.

Der Praxis bei Anwendung des Gesetzes ein vielleicht nicht ganz unwillkommenes Hilfsmittel an die Hand zu geben, welches, ohne ein eingehender Kommentar sein zu sollen, im Anschluß und unter Benützung der amtlichen Gesetzesmaterialien die einzelnen Bestimmungen des Gesetzes vergleichend und zergliedernd erläutert, ist in erster Linie der Zweck des gegenwärtigen Handbuchs. Mit Rücksicht hierauf und auf die Schwierigkeiten, welche einzelne Materien des Gesetzes auch für den Praktiker bieten, sind nicht nur in der Einleitung mit einer über das gewöhnliche Maß hinausgehenden Ausführlichkeit der Zweck und Umfang des Gesetzes und dessen verschiedenen Fälle und Arten eingehend behandelt, sondern es ist neben erschöpfender und übersichtlicher Besprechung der einzelnen Vorschriften und Bestimmungen auch besonders darauf Bedacht genommen, bei jedem einzelnen Artikel auf die einschlägigen Bestimmungen des B.G.B. und seiner Nebengesetze hinzuweisen und solche, soweit zum Verständniß erforderlich, wörtlich anzuführen, um dem Richter ein zu häufiges Nachschlagen so viel als möglich zu ersparen. Die vielfach beigefügten Beispiele dürften in manchen nicht immer einfachen Fällen zum leichteren Verständniß und rascheren Orientirung beitragen, wie auch die im Anhang II angeführten Muster für Anträge und Unschädlichkeitszeugnisse, wenn auch nicht dem erfahrenen Richter, so doch den jüngeren Juristen und allen, die sich berufsmäßig oder aus äußerem Anlasse mit dem Studium des Gesetzes zu befassen haben, willkommen sein werden.

Um insbesondere auch zum Zwecke des Studiums den jüngeren Herren Juristen ein praktischer Rathgeber und brauchbares Hilfsmittel zu sein, sind mannigfache vergleichende Zusammenstellungen der bisherigen und künftigen Normen, soweit solche im Gesetze in Betracht kommen, unter besonderer Hervorhebung der rechtserheblichen Aenderungen des künftigen Rechtes in den erläuternden Noten beigefügt unter Verweisung auf die vom Verfasser benützten Quellen. Die den einzelnen Artikeln in üblicher Kürzung beigefügten amtlichen Gesetzesmaterialien bieten Gelegenheit, Mängel und Lücken des gegenwärtigen Handbuchs zu ergänzen und zu vervollständigen. Die im Anhang I zusammengestellte Uebersicht der Gesetzestexte nach dem Regierungsentwurfe und den Beschlüssen des besonderen Ausschusses der Kammer der Abgeordneten in erster und zweiter Lesung sowie den Plenarbeschlüssen beider Kammern vervollständigen endlich einen raschen und klaren Ueberblick über Zweck und Umfang des Gesetzes.

Wenn das Gesetz, soweit dem Verfasser bekannt, obwohl schon seit mehr wie einem halben Jahre in Kraft, bisher nur in vereinzelten Fällen, wohl besonders bei den Vorarbeiten zur

Anlegung des Grundbuchs, zur Anwendung gekommen und weder in Juristenkreisen wie noch weniger beim Publikum besondere Sympathie sich errungen, wird der Grund hiefür nicht so fast in der Neuheit und Eigenart der Gesetzesmaterie zu suchen sein, als vielmehr in der nicht zu leugnenden Thatsache, daß die Anwendung des Gesetzes für die betheiligten Interessenten regelmäßig mit vielfachen Umständlichkeiten und nicht unbedeutenden Kosten verbunden ist. Denn die Beschaffung der vom Gesetze verlangten Belege und Nachweise, welche vom Antragsteller schon mit dem Antrage dem Gerichte vorgelegt werden müssen, sowie die vom Gerichte gegebenen Falles zu pflegenden Ermittelungen, welche in der Regel in der Vernehmung von Sachverständigen bestehen werden, und die erforderlichen Zustellungen mit ihren Fristen beanspruchen nicht bloß einen ziemlich komplizirten Apparat privater und gerichtlicher Thätigkeit und zeitraubender Umständlichkeiten, sondern häufig auch so viel Kosten, daß die wohlwollende Absicht des Gesetzes, durch Feststellung ganz minimaler Gebühren des Verfahrens und in einzelnen Fällen sogar Bewilligung vollständiger Gebührenfreiheit die Anwendung des Gesetzes möglichst zu verbilligen und hiedurch zu erleichtern, gar häufig illusorisch sein wird.

Diese der Anwendung des Gesetzes entgegenstehenden Bedenken sind jedoch nur scheinbar und vorübergehend, bis das Publikum der wohlthätigen Folgen des Gesetzes sich bewußt wird und zur Einsicht gelangt, welch' eminente Vortheile dem Rechtsverkehr und der freien Bewegung des Eigenthums aus der Anwendung des Gesetzes erwachsen, Vortheile, gegen welche der auch nach dem bisherigen Rechte nicht zu vermeiden gewesene Kostenpunkt vollständig zurücktritt.

Wenn gegenwärtige Bearbeitung des Gesetzes ein Weniges dazu beitragen würde, nicht bloß dem mit dessen Anwendung berufenen Juristen ein brauchbarer Wegweiser zu sein, sondern auch dem gebildeten Nichtjuristen und Laien, soweit er mit dem Gesetze sich zu befassen in die Lage kommt, das Verständniß desselben zu erleichtern und ihn mit solchem zu befreunden, würde der Verfasser für seine bescheidene Arbeit hierin den gewünschten Erfolg erkennen.

Augsburg, Neujahr 1899.

H. Kaisenberg.

Inhaltsübersicht.

Abkürzungen.

E. = Entwurf eines Gesetzes, das Unschädlichkeitszeugniß betreffend, Beilage Nr. 912 zu den Verhandlungen der Kammer der Abgeordneten 1898 Bd. XV S. 193—195.

M. = Motive = Begründung des Regierungsentwurfs, Beilage Nr 912 S. 196—202.

I = Verhandlungen des besonderen (XVII.) Ausschusses der Kammer der Abgeordneten in erster Lesung, Beilage Nr. 968 zu den Verhandlungen der Kammer der Abgeordneten 1898 Bd. XV S. 411—413, Beilage Nr. 970 S. 439—452, Beilage Nr. 977 S. 503—539.

II = Verhandlungen des besonderen (XVII.) Ausschusses der Kammer der Abgeordneten in zweiter Lesung, Beilage Nr. 1033 Bd. XVI S. 133—140.

B. = Bericht des XVII. Ausschusses der Kammer der Abgeordneten über den Entwurf eines Gesetzes, das Unschädlichkeitszeugniß betreffend, Beilage Nr. 1018 Bd. XVI S. 37—62.

V.Abg. = Stenographischer Bericht über die Verhandlungen der bayerischen Kammer der Abgeordneten 1898 Bd. XII S. 617—637.

V.R.R. = Stenographisches Protokoll der 49. öffentlichen Plenarsitzung der Kammer der Reichsräthe vom 26. Mai 1898, Verhandlungen der Kammer der Reichsräthe 1898, Protokoll Bd. VII S. 433—460.

Pr.R.R. = Protokoll des besonderen Ausschusses der Kammer der Reichsräthe für Gegenstände der Rechtspflege über den Entwurf eines Gesetzes, das Unschädlichkeitszeugniß betreffend, Verhandlungen der Kammer der Reichsräthe 1897/98 Beilage Bd. VII S. 672—682.

B.G.B. = Bürgerliches Gesetzbuch.

E.G. = Einführungsgesetz.

Gr.B. = Grundbuch.

Gr.B.O. = Grundbuchordnung.

Becher = Die gesammten Materialien zu den das Bürgerliche Gesetzbuch und seine Nebengesetze betreffenden bayerischen Gesetzen und Verordnungen nebst den einschlägigen Ministerialerlassen, herausgegeben von Heinrich Becher. II. Abtheilung S. 1—271. 232 a—f.

Becher B.C.R. = Das rechtsrheinisch-bayerische Landescivilrecht und Landescivilprozeßrecht unter Berücksichtigung der freiwilligen Gerichtsbarkeit, systematisch dargestellt von Dr. Heinrich Becher.

Danzer = Das bayerische Landrecht in seiner heutigen Geltung, von Max Danzer, Rechtsanwalt in München.

Fischer-Henle = Bürgerliches Gesetzbuch nebst Einführungs-Gesetz, Handausgabe von Dr. Otto Fischer, ordentlicher Professor der Rechte zu Breslau, und Wilhelm Henle, Regierungsrath im k. bayer. Staatsministerium der Justiz.

Gebhard = Die Hypothekenbuchsbereinigung im rechtsrhein. Bayern und das künftige Grundbuch gegenüber dem jetzigen Hypothekenbuch, erläutert von Karl Gebhard, k. Amtsrichter.

Keidel = Gesetz über die Angelegenheiten der freiwilligen Gerichtsbarkeit vom 17. Mai 1898, Handausgabe von Amtsrichter Keidel.

Roth = Bayerisches Civilrecht von Dr. Paul Roth.

Schneider = Gesetz über die Angelegenheiten der freiwilligen Gerichtsbarkeit vom 17. Mai 1898, Textausgabe von Heinrich Schneider, Oberregierungsrath im k. bayer. Staatsministerium der Justiz.

Staudinger = Commentar zum Bürgerlichen Gesetzbuch für das Deutsche Reich nebst Einführungsgesetz, herausgegeben von Senatspräsident a. D. Dr. v. Staudinger in München (im Erscheinen begriffen).

Wagner = Handbuch des amtsgerichtlichen Verfahrens in der freiwilligen Rechtspflege für das Königreich Bayern r. d. Rh. von Oberlandesgerichtsrath J. Wagner in Memmingen.

Einleitung.

1. Geschichte des Gesetzes.

Das „Unschädlichkeitsgesetz", wie gegenwärtiges Gesetz trotz der anfänglichen vielseitigen Anfeindung seines Titels künftig kurzweg genannt werden wird, ist bestimmt, eine in der Praxis längst und immer mehr empfundene allzu große und den heutigen Verkehrsverhältnissen nicht mehr entsprechende Beschränkung des Eigenthümers in seinem freien Verfügungsrechte zu beseitigen und auf das richtige Maß zurückzuführen. Dem aus dem Eigenthumsbegriffe sich ergebenden Rechte des Eigenthümers, über eine Sache, soweit nach deren Natur und dem Rechte möglich, frei zu verfügen, stehen vielfache Rechte Dritter, insbesondere der Hypothekgläubiger, entgegen, durch welche das Verfügungsrecht des Eigenthümers wesentlich eingeschränkt ist. Mit Rücksicht auf diese collidirenden Rechte Dritter ist der Eigenthümer eines Grundstücks insbesondere nicht befugt, über letzteres Verfügungen zu treffen, welche die Wirksamkeit der auf dem Grundstücke lastenden Rechte Dritter beeinträchtigen, und erfordert jede derartige Verfügung des Eigenthümers die Zustimmung der Berechtigten. Dieser auch in das Bürgerliche Gesetzbuch (§ 875, 876, 877) aufgenommene allgemeine Rechtssatz bedingt, daß, weil das belastete Recht, soweit nicht seine Natur wie z. B. bei der Wegegerechtigkeit etwas Anderes mit sich bringt, sich auf das ganze Grundstück erstreckt, Verfügungen auch über einzelne Flächentheile belasteter Grundstücke nur unbeschadet der Rechte Dritter möglich sind. Das Gleiche gilt, wenn der Eigenthümer eines Grundstücks über ein mit diesem Grundstück verbundenes Recht an einem andern Grundstücke verfügt, soweit hiedurch die Rechte Dritter, die auf seinem Grundstücke lasten, betroffen werden.

Es müssen entweder die Rechte Dritter auf den abgetrennten Flächen oder Rechten ruhen bleiben oder die Berechtigten die lastenfreie Abschreibung bewilligen.

Wenn auch die Bestimmungen der bisherigen § 39 und 40 des bayer. Hypothekengesetzes über die Haftung mehrerer auf Einem Hypothekenbuchblatte vorgetragenen Grundstücke, wonach solche ohne Zustimmung der Hypothekgläubiger nicht getrennt und einzeln abgeschrieben werden konnten, in anticipirender Anwendung des § 1132 B.GB. durch die Artikel 5 bis 9 des bayer. Gesetzes, die Vorbereitung der Anlegung des Grundbuchs in den Landestheilen rechts des Rheins betr., vom 18. Juni 1898 aufgehoben sind und hienach schon jetzt im rechtsrheinischen Bayern wie künftig auf Grund § 1132 B.G.B. allgemein der Eigenthümer rechtswirksam die Abschreibung eines einzelnen mit anderen Grundstücken auf Einem Hypothekenbuchblatte verpfändeten Grundstückes im Hypotheken- künftig Grundbuche erwirken kann, ist hiedurch den berechtigten Interessen des Eigenthümers doch in vielen Fällen nicht genügend gedient, weil in einem solchen Falle die Hypothek, für welche die einzelnen Grundstücke bisher zusammen auf Einem Hypothekenbuchblatte verpfändet sind, ihre rechtliche Wirkung als Gesamthypothek ausübt und auf jedem einzelnen Grundstücke, also auch auf dem in Folge Veräußerung abzuschreibenden Grundstücke oder Grundstückstheile ganz bestehen bleibt und auf letzterem verbandweise einzutragen ist.

Dem Bedürfnisse, in einzelnen Fällen trotz der grundsätzlichen Bestimmungen der § 39 und 40 des Hyp.-Ges. Ausnahmen hievon zuzulassen, ist schon bisher in einer Reihe von Gesetzen Rechnung getragen; so in § 37 Hyp.-Ges., Art. 7 des Gesetzes über die Aufhebung der standes- und gutsherrlichen Gerichtsbarkeit, dann die Aufhebung, Fixirung und Ablösung von Grundlasten vom 4. Juni 1848, Art. 10—14 des Grundentlastungsgesetzes vom 28. April 1872, Art. 29 des Forstgesetzes vom 28. März 1852, Art. 6 und 45 des Gesetzes über die Ausübung und Ablösung des Weiderechtes auf fremden Grund und Boden vom 28. Mai 1852, Art. 13 und 14 des Gesetzes vom 27. Februar 1868 über die Ablösbarkeit der auf Grund und Boden haftenden oder mit einer Gewerbsrealität verbundenen Ehehaftsrechte, § 65 des Edikts über die Familienfideikommiße (VII. Verfassungsbeilage), Art. 4 des Gesetzes über die Ablösung des Lehenverbandes vom 4. Juni 1848, Art. 6 des Gesetzes über die landwirthschaftlichen Erbgüter vom 27. Februar 1855, endlich Art. 8, 9, 26, 27, 28, 34 des Gesetzes über die Flurbereinigung vom 29. Mai 1886.

In Anerkennung dieses auch in andern deutschen Gesetzgebungen schon bisher berücksichtigten Ausnahmebedürfnisses und in folgerichtiger Ergänzung und Einschränkung der in § 1132 B.G.B. allgemein bestimmten Rechtsnorm und der in § 29 G.B.O. vorgeschriebenen Eintragsbewilligung, wonach die Löschung eines eingetragenen Rechtes den in bestimmter Form zu führenden Nachweis der Bewilligung des Berechtigten voraussetzt, sieht Artikel 120 des Einf.Ges. z. B.G.B. die Zulässigkeit der lastenfreien Abtrennung eines Grundstücktheiles ohne Zustimmung der Berechtigten vor.

Dieser Artikel 120 E.G. zum B.G.B. lautet:

> Unberührt bleiben die landesgesetzlichen Vorschriften, nach welchen im Falle der Veräußerung eines Theiles eines Grundstücks dieser Theil von den Belastungen des Grundstücks befreit wird, wenn von der zuständigen Behörde festgestellt wird, daß die Rechtsänderung für die Berechtigten unschädlich ist.
>
> Unberührt bleiben die landesgesetzlichen Vorschriften, nach welchen unter der gleichen Voraussetzung:
>
> 1) im Falle der Theilung eines mit einer Reallast belasteten Grundstücks die Reallast auf die einzelnen Theile des Grundstücks vertheilt wird;
> 2) im Falle der Aufhebung eines dem jeweiligen Eigenthümer eines Grundstücks an einem anderen Grundstücke zustehenden Rechtes die Zustimmung derjenigen nicht erforderlich ist, zu deren Gunsten das Grundstück des Berechtigten belastet ist;
> 3) in den Fällen des § 1128 des Bürgerlichen Gesetzbuchs und des Art. 52 dieses Gesetzes der dem Eigenthümer zustehende Entschädigungsanspruch von dem einem Dritten an dem Anspruche zustehenden Rechte befreit wird.

Von diesen Vorbehalten, welche sich nicht bloß auf die bei Erlaß des Einführungsgesetzes zum Bürgerlichen Gesetzbuch bereits bestandenen landesgesetzlichen Vorschriften sondern auch auf diejenigen, welche von einer Landesregierung erst später erlassen werden, beziehen, hat die Kgl. Bayerische Staatsregierung mit Ausnahme des in Art. 120 Abs. 2 Ziff. 1 vorgesehenen Falles der Teilung einer Reallast Gebrauch gemacht.

Am 28. Januar 1898 haben die Kgl. Staatsministerien der Justiz, des Innern und der Finanzen den Entwurf eines Gesetzes, das Unschädlichkeitszeugniß betreffend, nebst Begründung der Kammer der Abgeordneten mit dem Antrage auf Verweisung an einen Ausschuß vorgelegt. Die Motive sagen in der Begründung des allgemeinen Theiles:

„Der Eigenthümer ist nicht befugt, über sein Grundstück Verfügungen zu treffen, welche die Wirksamkeit der auf dem Grundstücke lastenden Rechte Dritter beeinträchtigen. Verfügungen des Eigenthümers über einzelne Flächentheile des Grundstücks sind nur mit der Wirkung möglich, daß die Rechte Dritter an dem Grundstücke unberührt bleiben. Wenn daher Jemand von dem Nachbargrundstück eine Fläche, die für dieses ohne Belang ist, für ihn aber vermöge ihrer Lage von erheblichem Werthe sein würde, erwerben will, so muß er entweder die vorhandenen Belastungen mitübernehmen oder die Zustimmung der Berechtigten zu der lastenfreien Abschreibung oder zu der Vertheilung der Belastungen auf die einzelnen Theile erwirken.

Der erste Weg wird sich wegen der mit der Gesammthaft verbundenen Gefahr regelmäßig von selbst verbieten. Denn der Erwerber des Trennstücks muß sich ungeachtet der Entrichtung seiner Gegenleistung gefallen lassen, daß das Trennstück wegen der auf dem Stammgrundstück ruhenden dinglichen Rechte in Anspruch genommen wird. Auch ist die Haftung des Trennstücks für die auf dem Stammgrundstücke vorhandenen Belastungen ein Hinderniß für die selbständige Belastung des Trennstücks, insbesondere für die Aufnahme einer Hypothek, Grundschuld oder Rentenschuld. Beim zweiten Wege werden die Zahl der dinglich Berechtigten, die Verschiedenheit oder Unbekanntheit ihres Aufenthaltes, der Mangel ihrer Verfügungsfähigkeit oder Legitimation oder auch des guten Willens häufig nicht zu überwindende Schwierigkeiten bereiten oder doch das Ziel nur mit unverhältnißmäßigen Opfern erreichen lassen. Die Folge wird in den meisten Fällen sein, daß das Geschäft, das die wirthschaftliche Lage des Erwerbes verbessern und Niemandem schaden würde, sich zerschlägt. Aehnlich können die Verhältnisse gelagert sein, wenn der Eigenthümer über ein mit dem Eigenthum an seinem Grundstücke verbundenes Recht an einem anderen Grundstücke verfügen will, das für sein Grundstück von geringem, dessen Aufhebung aber für das belastete Grundstück von großem Werthe ist, z. B. eine Fahrtgerechtigkeit, wenn das herrschende Grundstück die Zufahrt etwa durch Neuanlage eines Weges erhält. Die Vorschrift des § 21 (in Verbindung mit dem § 8) der Grundbuchordnung erleichtert nur die zu der Verfügung über das Recht erforderliche Eintragung, läßt aber das Recht des Dritten, dessen Zustimmung nicht erholt worden ist, sich auf die Unwirksamkeit der eingetragenen Verfügung (§§ 876, 877 B.G.B.) zu berufen und nach § 894 B.G.B. die Berichtigung des Grundbuchs zu verlangen, unberührt.

Für derartige Fälle erfordert das Interesse der Landeskultur, das Ausscheiden des Trennstücks aus der Mithaft für die Belastungen des Stammgrundstücks und die Aufhebung des mit dem Eigenthum an dem belasteten Grundstücke verbundenen Rechtes ohne Zustimmung der dinglich Berechtigten zu erleichtern.

Das Einführungsgesetz zum Bürgerlichen Gesetzbuch eröffnet daher der Landesgesetzgebung die Möglichkeit, die Folgerungen aus dem Grundsatze, daß Verfügungen des Eigenthümers die Rechte Dritter an dem Grundstücke nicht berühren, für solche Fälle zu durchbrechen, in welchen die Rechtsänderung für die Berechtigten unschädlich ist. Die Unschädlichkeit muß von der zuständigen Behörde festgestellt werden; das Unschädlichkeitszeugniß ersetzt die Zustimmung der Berechtigten . . . . Daß auch für Bayern ein Bedürfniß besteht, von dem Vorbehalt des Art. 120 des Einf.Ges. Gebrauch zu machen, hat der Bayerische Landwirthschaftsrath einstimmig anerkannt."

Die Kammer der Abgeordneten hat in ihrer Sitzung vom 11. Februar 1898 über die geschäftliche Behandlung des Gesetzentwurfes berathen und solchen auf Vorschlag des

Abgeordneten Wagner an einen besonderen (XVII.) Ausschuß von 14 Mitgliedern verwiesen, in welchen die Abgeordneten Aigner, Fuchs, Ganzleben, Geiger, Hofmann, Huber, Kraußold, Lerno, Lutz, Michel, Segitz, Wagner, von Walter und Wieland gewählt wurden.

Dieser Ausschuß hat den Gesetzentwurf in sieben Sitzungen in erster und zweiter Lesung mit verschiedenen Abänderungen angenommen, worauf der zum Referenten ernannte Vorsitzende von Walter unterm 3. Mai 1898 schriftlichen Bericht an die Kammer der Abgeordneten erstattet hat, welche in Plenarsitzung vom 12. Mai 1898 das Gesetz nach den Anträgen des Berichterstatters bei namentlicher Abstimmung einstimmig angenommen hat.

In der Kammer der Reichsräthe wurde der Gesetzentwurf von dem besonderen Ausschuß für Gegenstände der Rechtspflege in den Sitzungen vom 20. und 21. Mai 1898 berathen und nach mündlicher Berichterstattung des zum Referenten ernannten Herrn Reichsrathes Ritter von Küffner in Plenarsitzung vom 26. Mai 1898 in der Fassung der Abgeordnetenkammer mit einigen Aenderungen einstimmig angenommen, worauf die Kammer der Abgeordneten auf Bericht ihres Ausschusses vom 3. Juni 1898 und Antrag des Berichterstatters von Walter in Plenarsitzung vom 6. Juni 1898 diesen Aenderungen beigetreten ist und den Gesetzentwurf in der modifizirten Fassung in der Plenarsitzung vom 7. Juni 1898 bei namentlicher Abstimmung einstimmig angenommen hat.

Der hiedurch erzielte Gesammtbeschluß der beiden Kammern erhielt unterm 15. Juni 1898 als Gesetz die Allerhöchste Sanktion und ist im Gesetz- und Verordnungsblatt 1898 Nr. 29 Seite 301—307 publizirt.

2. Uebersicht des Gesetzes.

Das Gesetz behandelt zunächst

in den Artikeln 1—12 die materiell rechtlichen Vorschriften und die formellen Bestimmungen über das Verfahren für den Fall der Abtrennung einer Theilfläche eines Grundstückes;

in Artikel 13 die Vorschriften für den Fall, daß das Trennstück mit einem Vorkaufsrechte belastet ist;

in Artikel 14 die Vorschriften, wenn das Trennstück Bestandtheil

eines Familienfideikommisses, landwirtschaftlichen Erbgutes oder Lehens ist;
in Artikel 15 die Vorschrift, daß der Abtrennung eines Grundstückteiles die Aufhebung eines dem jeweiligen Eigenthümer eines Grundstückes an einem anderen Grundstücke zustehenden Rechtes gleich zu halten ist;
in Artikel 16 die Bestimmung der rückwirkenden Kraft des Gesetzes;
in Artikel 17 die Vorschriften, wenn ein abgebranntes Gebäude auf einem anderen Grundstücke wieder aufgebaut werden soll;
in Artikel 18 die Anwendbarkeit des Gesetzes auf die Entschädigung für die Zwangsenteignung;
in Artikel 19 die überleitenden Bestimmungen bis zur Anlage des Grundbuchs;
in Artikel 20 die Ausschließung der Anwendbarkeit des Gesetzes auf die Bodenzinse des Staates und der Ablösungskasse, endlich
in Artikel 21 die Bestimmungen über die Kosten des Verfahrens.

3. Umfang des Gesetzes.

In Artikel 1 des Gesetzes ist das Prinzip festgestellt, daß überhaupt ein Unschädlichkeitszeugniß gegenüber den Berechtigten ertheilt werden kann, wenn vom Gerichte festgestellt ist, daß die Abtrennung für die Berechtigten unschädlich ist. Das Gesetz ist aber nicht allen Berechtigten gegenüber anwendbar, sondern beschränkt die Ertheilung des Unschädlichkeitszeugnisses auf Hypotheken, Grundschulden, Rentenschulden und Reallasten, läßt also nur denjenigen Berechtigten gegenüber die Ertheilung des Unschädlichkeitszeugnisses zu, welche am Grundstücke eines dieser Rechte haben.

a. Hypotheken.

Hypothek ist die Belastung eines Grundstücks in der Weise, daß an denjenigen, zu dessen Gunsten die Belastung erfolgt, eine bestimmte Geldsumme zur Befriedigung wegen einer ihm zustehenden Forderung aus dem Grundstück zu zahlen ist (§ 1113 Abs. 1 B.G.B.). Das B.G.B. kennt die gewöhnliche Hypothek entweder mit oder ohne Hypothekenbrief (Briefhypothek und Buchhypothek § 1116) und die Sicherungs=

hypothek (§ 1184 ff.). Während bei letzterer die Forderung die rechtliche Grundlage der Hypothek bildet, wie bei der alten gemeinrechtlichen Hypothek und die Hypothek von dieser ihr zu Grunde liegenden Forderung vollständig abhängig, also conform dem bisherigen bayerischen Hypothekenrechte streng accessorisch ist, gehört bei der Brief- und Buchhypothek als Verkehrshypothek deren accessorische Natur zur Forderung nicht mehr zu ihrem Begriff, sondern es steht umgekehrt hier die Forderung in gewissem Sinne accessorisch zur Hypothek, sodaß bei der Brief- und Buchhypothek der Wegfall der Forderung die Hypothek selbst regelmäßig nicht aufhebt, sondern nur das Recht des bisherigen Gläubigers der Forderung, wegen dieser die Befriedigung aus dem Grundstücke zu verlangen (Fischer-Henle Vorbem. zu § 1113. Staudinger Vorbem. II zu § 1113 und Note 2 hiezu, § 1184 Note 1. Gebhard 169 ff.).

Unser Gesetz umfaßt alle einzelnen Fälle der Hypothek, also Verkehrshypothek in der doppelten Form der Brief- und Buchhypothek, Sicherungshypothek im Allgemeinen und als Inhaberhypothek (§ 1187 B.G.B.) sowie Maximalhypothek (§ 1190 B.G.B.) wie auch Zwangs- und Arresthypotheken (§ 866 u. 932 R.C.P.O.); nur die Eigenthümerhypothek (§ 1143, 1163, 1168, 1173, 1182 B.G.B.) kann als solche nicht in Frage kommen, weil die Feststellung der Unschädlichkeit vom Eigenthümer selbst zu beantragen ist, seine Zustimmung als Hypothekberechtigter daher bereits in seinem Antrag enthalten ist.

b. Grundschulden.

Die Grundschuld ist die Belastung eines Grundstücks in der Weise, daß an denjenigen, zu dessen Gunsten die Belastung erfolgt, eine bestimmte Geldsumme aus dem Grundstück zu zahlen ist (§ 1191 Abs. 1 B.G.B.). Während die Hypothek wenigstens zu ihrer Entstehung eine Forderung voraussetzt und zu deren Befriedigung oder Sicherung dient, setzt die Grundschuld ihrerseits keine persönliche Forderung voraus und verbürgt als dingliche Belastung dem Berechtigten die Beitreibung einer bestimmten Summe aus dem Grundstücke. Die Grundschuld ist die Belastungsform für den reinen Realkredit und kann der Form noch sowohl mit wie ohne Brief ebenso auch auf den Inhaber (§ 1195 B.G.B.) bestellt werden. (Gebhardt 171. Staudinger § 1191 Vorbem. und Note I, Fischer-Henle § 1191 Note 1.)

c. Rentenschulden.

Rentenschuld ist eine in der Weise bestellte Grundschuld, daß in regelmäßig wiederkehrenden Terminen eine bestimmte Geldsumme aus dem Grundstücke zu zahlen ist (§ 1199 Abs. 1 B.G.B.). Das Institut der Rentenschuld als besondere Kreditform neben der Hypothek und Grundschuld wurde auf besonderen Wunsch aus landwirthschaftlichen Kreisen in das B.G.B. aufgenommen; das Charakteristische ist die Belastung eines Grundstücks mit einer seitens des Gläubigers absolut unkündbaren Rente also ähnlich dem Ewiggeldinstitute des Münchner Stadtrechtes, welches jedoch als Reallast sich darstellt. Die Rentenschuld unterscheidet sich von der gewöhnlichen Grundschuld dadurch, daß sie ein dingliches Recht begründet, das nicht auf Zahlung eines Kapitals, sondern auf Zahlung einer Geldrente in regelmäßig wiederkehrenden Terminen gerichtet ist (Staudinger § 1199 Vorbem. I u. II. und Note I. Gebhard 176.).

d. Reallasten.

Reallasten sind dauernde wiederkehrende Leistungen an Geld oder Naturalien, welche aus einem Grundstücke zu entrichten sind, und können diese Leistungen auch in persönlichen Diensten bestehen. Die hauptsächlichsten Reallasten, soweit sie auf Privatrechtstitel beruhen, sind die jährlichen Leistungen an Kirchen, Schulen und Stiftungen (z. B. Läutgarben), die Ehehaftsreichnisse, die Forstberechtigungen, soweit sie die Natur von Reallasten haben, die Beitragspflicht der in einer Bewässerungsgenossenschaft befindlichen Grundstücke, die Jahresabgaben für abgelöste Weide- und Forstrechte, die als Reallast radizirte kirchliche Baupflicht, das Ewiggeld der Stadt München (Roth § 183 I 5 Seite 395. Wagner S. 59. Gebhard S. 52. Becher S. 29, 35, 39.).

Während nach bisherigem bayerischen Rechte die Reallasten auch ohne Eintragung im Hypothekenbuche denkbar sind, entstehen sie nach B.G.B. künftig nur durch Einigung der Vertragstheile und Eintragung im Grundbuch (§ 873, 874 B.G.B., § 6, 8, 50 Gr.B.O.). Vergl. hiezu Staudinger Vorbem. zu § 1105 und Note I, II u. III hiezu. Fischer-Henle § 1105 Note 2.

Dagegen fallen nicht unter das Gesetz

aa. Das Erbbaurecht d. i. das veräußerliche und vererbliche Recht, auf oder unter der Oberfläche eines fremden Grundstücks ein Bauwerk zu haben. Denn das Erbbaurecht ist keine Reallast, sondern ein besonderes dingliches Benützungsrecht eines fremden Grundstücks analog der gemeinrechtlichen superficies oder des bayerischen Kellerrechtes, hat die Doppelstellung eines Rechtes an dem Grundstücke und einer selbständigen dem Grundstückseigenthum gleichgestellten Gerechtigkeit und ist Gegenstand selbständiger Belastung wie das Grundstück selbst (Staudinger § 1012 Note 1 u. 2 und Vorbem. I Fischer-Henle § 1012 Note 2. Gebhard S. 169. M. 197.).

bb. Die Grunddienstbarkeiten d. i. die Belastung eines Grundstücks zu Gunsten des jeweiligen Eigenthümers eines anderen Grundstückes in der Weise, daß dieser das belastete Grundstück in einzelnen Beziehungen benützen darf oder daß auf dem Grundstücke gewisse Handlungen nicht vorgenommen werden dürfen oder daß die Ausübung eines Rechtes, das sich aus dem Eigenthum an dem belasteten Grundstücke dem andern (herrschenden) Grundstücke gegenüber ergibt, ausgeschlossen ist (§ 1018 B.G.B.).

Für diese Grunddienstbarkeiten (Servituten, Forstrechte, soweit solche nicht Reallasten sind, Weiderechte, Rechte auf Ausbeutung eines Steinbruchs oder einer Lehmgrube u. A.) ist Vorsorge getroffen in

§ 1023 B.G.B.:

Beschränkt sich die jeweilige Ausübung einer Grunddienstbarkeit auf einen Teil des belasteten Grundstücks, so kann der Eigenthümer die Verlegung der Ausübung auf eine andere, für den Berechtigten ebenso geeignete Stelle verlangen, wenn die Ausübung an der bisherigen Stelle für ihn besonders beschwerlich ist; die Kosten der Verlegung hat er zu tragen und vorzuschießen. Dies gilt auch dann, wenn der Teil des Grundstücks, auf den sich die Ausübung beschränkt, durch Rechtsgeschäft bestimmt ist.

Das Recht auf die Verlegung kann nicht durch Rechtsgeschäft ausgeschlossen oder beschränkt werden.

§ 1026 B.G.B.:

Wird das belastete Grundstück geteilt, so werden, wenn die Ausübung der Grunddienstbarkeit auf einen bestimmten

Teil des belasteten Grundstücks beschränkt ist, die Teile, welche außerhalb des Bereichs der Ausübung liegen, von der Dienstbarkeit frei.

Diese Bestimmungen reichen vollständig aus, um den Zweck des Unschädlichkeitszeugnisses gegenüber den Grunddienstbarkeiten auch ohne solches zu sichern. Außerdem ist das Unschädlichkeitszeugniß namentlich deßhalb eingeführt, weil man es in den vom Gesetze vorgesehenen Fällen mit einer Reihe von unbekannten Berechtigten zu thun haben kann oder weil nicht wohl zu erwarten ist, daß die Berechtigten freiwillig zur Abtrennung zustimmen, Voraussetzungen, welche bei den Grunddienstbarkeiten in der Regel nicht zutreffen, da es sich bei letzteren meistens nur um einen einzigen oder wenigstens um eine beschränkte Zahl bekannter Berechtigten handelt, mit denen eine Abfindung und Verständigung für gewöhnlich leicht stattfinden wird (V. Abg. S. 621. Becher 195).

cc. Der Nießbrauch an einem Grundstücke d. i. das unvererbliche und unveräußerliche Recht, sämmtliche Nutzungen des Grundstücks zu ziehen (§ 1030, 1059, 1061 B.G.B. Staudinger Note I zu § 1030).

Der Nießbrauch ist eine persönliche Dienstbarkeit im Gegensatz zu den beschränkten persönlichen Dienstbarkeiten der §§ 1090—1093 B.G.B. und erstreckt sich auf bewegliche und unbewegliche Sachen, auf Rechte und ganze Vermögen.

Der Inhalt des Nießbrauches als eines Rechtes an den Nutzungen der ganzen Sache schließt die Anwendbarkeit des Unschädlichkeitszeugnisses aus (M. 197).

dd. Die Bodenzinse.

Bezüglich der Bodenzinse d. i. jährliche fixirte Geldleistungen, welche an Stelle der früheren Grundlasten und Zehenten getreten, teils zur Staatskasse teils zur Grundrenten-Ablösungskasse zu zahlen und ablösbar sind, siehe Ges. v. 4. Juni 1848, die Aufhebung der standes- und gutsherrlichen Gerichtsbarkeit, dann die Aufhebung, Fixirung und Ablösung von Grundlasten, s. g. Grundlastengesetz (G.Bl. S. 98), dann Gesetz v. 28. April 1872, die Grundentlastung betr. (G.Bl. S. 350) und Gesetz v. 2. Februar 1898, die Fortsetzung der Grundentlastung betr. (Ges. u. V.-Bl. S. 19.) Nach Artikel 15 des Gesetzes vom 28. April 1872, die Grundentlastung betr., ist in den Fällen, wenn ein in seiner Gesammtheit mit einer Grundabgabe belasteter Grundbesitz geteilt wird, mit dem Eintritt des Besitzwechsels die Belastung auf die einzelnen Parzellen nach der Steuerverhältnißzahl zu vertheilen, und gilt dieß wie für Theilung des Gesammtbesitzes so auch für Abtrennung einer Theilfläche von einem einzelnen Grundstücke, weßhalb in solchen Fällen immer die auf das einzelne Grundstück nach der Verhältnißzahl treffenden Bodenzinse, insoferne sie nicht nach den Bestimmungen des Grundentlastungsgesetzes bei Besitzveränderung wegen Geringfügigkeit abgelöst werden müssen, verhältnißmäßig zu repartiren sind und ein Unschädlichkeitszeugniß nicht erforderlich ist.

Mit Rücksicht hierauf schließt gegenwärtiges Gesetz in Artikel 20 seine Anwendbarkeit auf die Bodenzinse ausdrücklich aus. Die Motive sagen hierüber unter

„VII. Bei den Reallasten, für welche der Art. 15 des Grundentlastungsgesetzes vom 28. April 1872 gilt, ist für das Unschädlichkeitszeugniß kein Raum. Die Befreiung des Trennstücks setzt voraus, daß das Recht, von welchem das Trennstück befreit werden soll, auf dem Stammgrundstück bestehen bleibt. Diese Reallasten vertheilen sich aber im Falle der Theilung des belasteten Grundstücks kraft Gesetzes auf die einzelnen Theile.

Die Schwierigkeiten, die sich aus der Gesammthaft des Trennstücks ergeben, bestehen bei ihnen nicht. Die auf das Trennstück treffende Belastung ist ablösbar und muß abgelöst werden, wenn die Voraussetzung des Art. 15 Abs. 1 zutrifft, was bei kleinen Trennstücken häufig der Fall sein wird.

Nach Art. 16 (nun Art. 20 des Ges.) finden deßhalb die Vorschriften des Entwurfes auf diese Reallasten keine Anwendung." (Becher 18.)

ee. Das Muthrecht.

Das Muthrecht beruht auf dem Berggesetz vom 20. März 1869 und bildet keine Belastung des Grundstücks, sondern ist eine selbständige Beschränkung des Eigentums, von welcher letzteres durch ein Unschädlichkeitszeugniß nicht befreit werden kann. (I 504. Becher B.C.R. § 162.)

4. Verfahren.

Die Ertheilung des Unschädlichkeitszeugnisses und das

Verfahren hiebei ist ein Bestandtheil der freiwilligen Gerichtsbarkeit, in Folge dessen der Zuständigkeit der mit letzterer in erster Instanz befaßten Amtsgerichte, bei Familienfideikommißen der Zuständigkeit der Fideikommißgerichte zugewiesen und zwar demjenigen Gerichte, bei welchem das Grundbuch über das Grundstück geführt wird. Das Verfahren wird nicht von Amtswegen sondern nur auf Antrag eingeleitet, zu welchem lediglich der Eigentümer des Grundstücks, nicht auch der Erwerber oder ein beteiligter Gläubiger berechtigt ist. Laut Erklärung der Kgl. Staatsregierung ist das Erforderniß, daß der Antrag vom Eigentümer gestellt werde, keine materiell rechtliche Voraussetzung, sondern nur eine solche des Verfahrens und sind für den Nachweis des Eigentumes des Antragstellers künftighin die Bestimmungen des Grundbuchrechtes und für die Uebergangszeit die des bisherigen Rechtes maßgebend.
Siehe hiezu Artikel 4 Note 2.

5. Begriff der Unschädlichkeit.

Die Entscheidung, ob eine Veräußerung für die Berechtigten unschädlich ist oder nicht, ist dem freien richterlichen Ermessen anheimgestellt, welchem lediglich in Artikel 2 die gesetzlichen Normen, unter welchen die Feststellung der Unschädlichkeit erfolgen darf, als Schranken und maßgebende Direktiven gezogen sind, und zwar in der Weise, daß bei Nichtvorhandensein dieser Voraussetzungen die Frage, ob eine Veräußerung unschädlich ist oder nicht, überhaupt gar nicht in Betracht kommt.

Der Begriff der Unschädlichkeit ist nach den allgemeinen Grundsätzen unter Würdigung aller in Frage kommenden Verhältnisse, besonders unter Vergleichung und Abwägung der bisherigen und künftigen Sicherheit zu entscheiden. Wenn A von seinem Grundstücke ꝛc. zu $2^1/_2$ Tagwerk im Werte von 2000 ℳ an seinen Nachbar B eine Fläche von 25 Dezimalen um 200 ℳ verkauft, ist die Minderung sowohl nach Umfang wie nach Werth im Verhältniß zum Umfang und Werth des Restgrundstücks eine geringe und sonach die Voraussetzung, wie sie in Artikel 2 prinzipaliter fixirt ist, gegeben. Trotzdem dürfte eine Unschädlichkeit ohne Weiteres nicht angenommen werden, wenn das Grundstück mit einer Hypothek zu 2000 ℳ, z. B. für den ganzen ursprünglichen Kaufpreis, belastet ist und zwar auch dann nicht, wenn der Hypothekgläubiger, vielleicht aus Unkenntniß oder Gleichgiltigkeit oder weil er nicht bekannt ist, was letzteres bei Briefhypotheken häufig der Fall sein wird, auf Ausgleichung verzichtet hat oder mit dem Anspruch auf Ausgleichung auf Grund Artikel 6 und 7 ausgeschlossen ist. In diesem Falle könnte die Unschädlichkeit nur gegen volle Ausgleichung der Werthminderung ausgesprochen werden.

Würde die Hypothek dagegen z. B. nur 1000 ℳ betragen, dürfte für sie trotz der Minderung der Sicherheit um 200 ℳ noch vollkommen genügende Sicherung angenommen und die Unschädlichkeit, insoferne vom Hypothekgläubiger nicht Ausgleichung verlangt wird, ohne solche ausgesprochen werden.

Wenn übrigens der Richter nach bestem Wissen und Gewissen unter Beachtung der gesetzlich gezogenen Schranken die Unschädlichkeit ausgesprochen hat und später durch Verhältnisse und Umstände, die bei Anwendung gewöhnlicher Sorgfalt nicht oder wenigstens nicht mit einer solchen Folge vorausgesehen werden mußten, einem Berechtigten in Folge der gemäß des Unschädlichkeitszeugnisses erfolgten lastenfreien Abtrennung ein Nachtheil erwächst, ist jede Haftung des Richters hiefür nach den allgemeinen Rechtsgrundsätzen ausgeschlossen. (Vergl. § 839 B.G.B.)

6. Voraussetzungen des Unschädlichkeitszeugnisses.

I. Die Voraussetzungen, von deren Vorhandensein die Ertheilung des Unschädlichkeitszeugnisses abhängig gemacht ist, sind in Artikel 2 bestimmt.

Die Motive enthalten hierüber (S. 198) Folgendes:

„Im Art. 2 sind die Bedingungen festgesetzt, unter welchen die Unschädlichkeit festgestellt werden darf. Voraussetzung ist vor Allem, daß das Trennstück im Verhältnisse zum übrigen Theile des Grundstückes sowohl von geringem Umfange als auch von geringem Werthe ist. Auf die Höhe der Belastung, insbesondere die Höhe der Hypotheken, kommt es nicht an. Das Unschädlichkeitszeugniß ist demnach auf verhältnißmäßig kleine Trennstücke beschränkt. Das Zeugniß auch bei größeren Trennstücken zuzulassen, verbietet die damit verbundene Gefährdung des Grundkredits. Den Gläubigern darf nicht eine wesentliche Aenderung ihrer Rechtslage aufgedrängt werden, bei der ein Irrthum über die Zulänglichkeit der Ausgleichung die schlimmsten Folgen haben könnte. Die Ertheilung des Unschädlichkeitszeugnisses ist ferner davon abhängig, daß die Minderung, welche der Werth des Grundstücks durch die Abtrennung erleidet, ausgeglichen wird. Die Werthminderung bemißt sich nicht nur nach dem Werte der abgetrennten Fläche, sondern es ist auch auf den Einfluß Rücksicht zu nehmen, den die Abtrennung auf den Werth des Stammgrundstücks übt.

Die Ausgleichung kann nur durch baares Geld oder durch ein anderes Grundstück geschehen. Mit der Verpfändung einer Kaufpreisforderung, auch wenn diese durch Hypothek an dem Trennstück gesichert ist, brauchen sich die Berechtigten nicht zu begnügen."

II. Eine besondere Besprechung bedarf die doppelte Voraussetzung der Werthminderung nach Umfang und Werth. Die im Regierungsentwurfe enthalten gewesene Ausdehnung des Erfordernisses der Grundstücksminderung auch auf dessen Umfang wurde von dem mit der Gesetzesvorberathung betraut gewesenen besonderen (XVII.) Ausschuß der Kammer der Abgeordneten als entbehrlich beanstandet und mit Zustimmung der Staatsregierung gestrichen, weil „es sich bloß darum handle, ob die abzutrennende Fläche einen geringen Werth habe oder nicht, unter Umständen der Umfang des Trennstücks nicht gerade so klein sei, daß er im Verhältniß zum Areal des Stammgrundstücks als gering erscheine, gleichwohl aber das Trennstück, wenn es z. B. eine unbenützbare Sandfläche sei, als ganz geringfügige Sache erscheinen und eine besondere Betonung des Umfangs zu einer irrigen Auslegung führen könne und das Gesetz dann, wenn das Trennstück zwar nicht gerade klein, aber gleichwohl von geringem Werthe sei, für nicht anwendbar erachtet werden könne, während es doch bloß darauf ankomme, daß die Theilfläche im Verhältniß zum Gesammtgut einen geringen Werth habe".

Seitens des Vertreters der K. Staatsregierung wurde dagegen Folgendes geltend gemacht:

„Wenn im Entwurfe verlangt ist, daß die Verringerung eine geringfügige" — soll richtiger „geringe" heißen — „ist und zwar nach zwei Richtungen, erstens in Ansehung des Umfangs, zweitens bezüglich des Werthes, so ist dabei nicht verkannt, daß die Hauptsache der Werth ist. Die in Artikel 1 genannten Rechte sind solche, bei denen das Grundstück als Werthobjekt in Betracht kommt; für die Hypothek ist der Werth des Grundstücks viel wichtiger als der Umfang. Der Grund, warum gleichwohl in Uebereinstimmung mit dem preußischen Gesetze der „Umfang" hier angeführt worden ist, liegt darin, daß man eine größere Gewähr für die Berechtigten schaffen wollte, die ja regelmäßig, wenn Werthausgleichung geleistet wird, nicht gehört werden. Es kommt auf eine Schätzung von Sachverständigen an. Schätzungen von Grundstücken gehören aber nicht zu denjenigen Feststellungen, welche mit voller Genauigkeit gemacht werden können. Man hat geglaubt, daß die Befreiung des Trennstücks für die Berechtigten weniger gefährlich sei, wenn man nicht bloß verlangt, daß nach dem von den Sachverständigen festgestellten Werthverhältniß die Werthminderung als gering erscheine, sondern wenn außerdem noch verlangt wird, daß nur wenig von der Fläche wegkomme. Wenn ein großer Theil der Fläche weggetrennt wird, dann mag es immerhin bedenklich erscheinen, wenn die Sachverständigen den abgetrennten Theil im Verhältniß zum Rest für geringwerthig erachten, wenn sie z. B. sagen: obwohl das Trennstück ein Viertel des Grundstücks ausmacht, kann man es doch für unbedeutend erachten, weil der Werth nur ein Zwölftel ist. Ich muß jedoch anerkennen, daß das Wesentliche der Werth ist." (B. 46 und I S. 505.)

Die Kammer der Reichsräthe hat jedoch diese von der Abgeordnetenkammer gestrichen gewesene Ausdehnung der Minderung auf den Umfang des Grundstücks entsprechend dem ursprünglichen Regierungsentwurfe wieder hergestellt, welchem Beschlusse die Kammer der Abgeordneten beigetreten ist. Hiezu hat der Bericht des Ausschusses der Kammer der Abgeordneten (Beil. Nr. 1148 Bd. XVI S. 405) Folgendes konstatirt: „Dadurch, daß nunmehr auch der Faktor des Umfanges für die Ausstellung des Zeugnisses bestimmend sein soll, wird dieselbe in allen Fällen ausgeschlossen sein, in denen ein schlecht bonitirter, sandiger, steiniger, sumpfiger oder sonst wenig nutzbarer Theil des Grundstücks, dessen Umfang im Verhältniß zum Umfang des übrigens Theils des Grundstücks nicht gering ist, veräußert werden will, obwohl den Berechtigten dadurch vielleicht weniger Nachtheil erwachsen würde, als durch die Veräußerung eines geringfügigen, aber gut bonitirten und nutzbaren Streifens."

III. Ein weiterer Gegenstand eingehender Verhandlungen und Abänderungsanträge war in den Ausschußverhandlungen des Landtags die Ausnahmebestimmung des Artikel 2 Abs. 3, wonach die Ausgleichung der Werthminderung nicht erforderlich ist, wenn diese den Betrag von fünfzig Mark nicht übersteigt.

Es wurde allseitig anerkannt und festgestellt, daß die Frage, ob eine Ausgleichung der Werthminderung erforderlich ist, überhaupt erst in Betracht kommen kann, wenn die Voraussetzung der verhältnißmäßig geringen Umfangs- und Werthminderung gegeben ist; trifft diese prinzipale Voraussetzung, von welcher es eine Ausnahme nicht gibt, nicht zu, so ist die Ertheilung des Unschädlichkeitszeugnisses von vorneherein ausgeschlossen. Die Motive (S. 198) sagen:

> „Ist der Werth des ganzen Grundstücks, von dem eine Theilfläche abgetrennt werden soll, so gering, daß der den Betrag von 50 ℳ nicht übersteigende Werth des Trennstücks verhältnißmäßig erheblich ist, so ist die Ertheilung des Unschädlichkeitszeugnisses nach Artikel 2 Abs. 1 ausgeschlossen".

Um diesen engen Zusammenhang der Ausnahmebestimmung des Abs. 3 bezüglich der Werthsausgleichung mit der allgemeinen auch für diesen Ausnahmefall geltenden ersten Voraussetzung des Abs. 1 im Gesetze zum Ausdrucke zu bringen und jede Möglichkeit eines Irrthums hierüber auszuschließen, wurde vom Ausschusse der Kammer der Abgeordneten und von letzterer selbst in Abs. 3 vor dem Worte „Werthminderung" das Wort „verhältnißmäßigen" eingeschaltet, welche Einschaltung jedoch auf Grund der von der K. Staatsregierung erhobenen Bedenken, daß diese Einschaltung nicht nur überflüssig sei, sondern auch zu falscher Auffassung und damit zu Verwirrungen führen könne, von der Kammer der Reichsräthe wieder gestrichen worden ist, womit die Kammer der Abgeordneten sich unter der in ihrem Berichte niedergelegten „wiederholten Konstatirung, daß Abs. 3 und 1 des Artikels 2 im Zusammenhalte aufgefaßt und ausgelegt werden müssen, und daß deßhalb die Ausgleichung der Werthminderung bis zu 50 Mark nur dann nicht erforderlich ist, wenn diese bezüglich des Werthes und Umfanges des Trennstücks im Verhältniß zu dem Werthe und Umfange des übrigen Theiles des Grundstücks eine geringe ist", einverstanden erklärt hat. (Vergl. Beil. Nr. 1148 zu den Verhdlg. d. K. d. Abg. 1898 Bd. XVI S. 405 und stenogr. Berichte d. K. d. Abg. 1898 Bd. XII S. 1111).

7. Ausstellung des Unschädlichkeitszeugnisses und Wirkung desselben.

Das Unschädlichkeitszeugniß ist vom Gerichte sofort zu ertheilen, sobald dieses sich von der verhältnißmäßig nur geringen Minderung der Abtrennung nach Umfang und Werth und von deren Unschädlichkeit überzeugt hat, und ist mit der Ertheilung des Zeugnisses nicht abzuwarten, bis die weitere Bedingung der Werthausgleichung erfüllt ist. Vielmehr wird diese Bedingung in das Zeugniß hineingesetzt, gerade so wie in einen Arrestbefehl der Vorbehalt, daß der Arrestgläubiger für einen gewissen Betrag Sicherheit zu leisten hat. Das Unschädlichkeitszeugniß wirkt also bedingt wie ein Arrestbefehl oder ein gegen Sicherheitsleistung für vorläufig vollstreckbar erklärtes Urteil. Das Unschädlichkeitszeugniß wird bedingt ertheilt und dem Grundbuchamte muß die Erfüllung der Bedingung nachgewiesen werden, soferne sich die Bedingung nicht, wie dies bei der Ausgleichung durch ein anderes Grundstück der Fall sein wird, vor dem Grundbuchamt selbst vollzieht. Der Nachweis der Erfüllung ist durch öffentliche Urkunde zu erbringen; s. § 29 Satz 2 Gr.B.O.

In sehr vielen Fällen wird es sich um den Umtausch von kleinen Grundstückstheilen zur besseren Gestaltung der Grenzen handeln und findet dieser Umtausch in der Weise statt, daß an die Stelle einer oder mehrerer solcher Parzellen eine oder mehrere andere treten, die der Nachbar zum gleichen Zwecke abtritt, und die Parzellen beiderseits den berechtigten Ansprüchen surrogirt werden. Im Falle der Ausgleichung durch Geld wird in der Regel der Abtretende das Geld, das ihm bei der Auflassung als Gegenleistung bezahlt wird, dazu verwenden, die ihm durch das Unschädlichkeitszeugniß gemachte

Auflage der Hinterlegung eines bestimmten Betrags zu erfüllen. Die Vertragstheile begeben sich zum Notar, welcher den obligatorischen Vertrag mit ihrer Erklärung über Auflassung beurkundet und die Urkunde mit dem ihm von dem Abtretenden ausgehändigten Unschädlichkeitszeugniß und Quittung der Hinterlegungsstelle über den vom Erwerber erlegten Geldbetrag dem Grundbuchamte zum Vollzug vorlegt. (Vergl. B. 50.)

8. Einzelne Verfahrensarten.

Je nach den einzelnen Fällen ergibt sich folgende Behandlung derselben:

I. Der einfachste Fall, wobei der Antragsteller am raschesten seinen Zweck d. i. die lastenfreie Abschreibung der zu veräußernden Parzelle erreicht, ist der, wenn der Antragsteller zur Ausgleichung der Werthminderung durch Baargeld in der Höhe der letzteren oder ein anderes mindestens gleichwertiges Grundstück bereit ist. Hier erfolgt sofort, wenn nur die prinzipalen Voraussetzungen nämlich verhältnißmäßig geringe Minderung des Umfangs und Werthes zutreffen, die Ausstellung des Unschädlichkeitszeugnisses, welches Anordnung darüber enthält, in welcher Weise die Ausgleichung zu erfolgen hat. Geschieht letztere durch Baarzahlung, so hinterlegt der Antragsteller den im Unschädlichkeitszeugnisse bestimmten Geldbetrag bei der Hinterlegungsstelle des Gerichtes, wenn er es nicht schon vor oder mit dem Antrage gethan hat, und legt den Nachweis hierüber mit dem Unschädlichkeitszeugnisse und dem Kaufvertrage nebst Auflassungserklärung durch den Notar dem Grundbuche vor, welches die Abschreibung vollzieht. Geschieht die Ausgleichung aber durch ein anderes Grundstück, so erfolgt der Vollzug ohnehin Zug um Zug mit der Abschreibung vor dem Grundbuchamte.

Bis zu diesem Zeitpunkte haben die Berechtigten d. h. die betheiligten Gläubiger noch gar keine Kenntniß von der Ausstellung des Unschädlichkeitszeugnisses und der auf Grund desselben bereits erfolgten lastenfreien Abschreibung des Trennstückes.

Bei Ausgleichung der Werthminderung durch ein anderes Grundstück erhalten die Berechtigten hievon erst durch die in

§ 55 (Gr.B.O.*) vorgeschriebene Benachrichtigung Kenntnis, bei Ausgleichung durch Baargeld dagegen durch die in Artikel 11 des gegenwärtigen Gesetzes vorgesehene Aufforderung, sich binnen eines Monats zu erklären, ob sie auf der Vertheilung des hinterlegten Betrages bestehen.

Die Frage also, wer das zur Ausgleichung bestimmte Geld zu erhalten hat, ist ganz unabhängig von Ertheilung und Vollzug des Unschädlichkeitszeugnisses und erledigt sich erst, nachdem längst die lastenfreie Abschreibung des Trennstückes erfolgt ist. Verlangt keiner der Berechtigten innerhalb der einmonatlichen Frist die Vertheilung des Geldes, so erhält der Antragsteller solches wieder zurück, während anderen Falles ein eigenes weiteres Verfahren nämlich das Vertheilungsverfahren sich anschließt, in welchem je nach dem Rangverhältnisse der betheiligten Gläubiger, insoferne nicht der eine oder andere auf Ausgleichung verzichtet hat, die Vertheilung des Betrages nach den einschlägigen Bestimmungen der bayer. Subh.O. vom 23. Februar 1879 mit Novelle vom 29. Mai 1886 (Art. 95—124) und künftig § 105—145 des RG. über die Zwangsversteigerung und die Zwangsverwaltung vom 24. März 1897, erfolgt.

Diesen einfachsten Weg der Erledigung wird der Antragsteller immer einschlagen, wenn ihm an einer raschen Erledigung der Sache gelegen ist und er die Baarmittel besitzt, um die Ausgleichung in Geld zu leisten, oder ein gleichwertiges anderes Grundstück zur Ausgleichung dem Pfandverbande unterstellen kann. Außerdem wird er diesen Weg auch immer dann einschlagen, wenn — was in der Praxis wohl in den weitaus meisten Fällen einer entgeltlichen Veräußerung zutreffen wird, der vom Erwerber des Trennstücks für letzteres zu zahlende Kaufpreis gleich zur Ausgleichung der Werthsminderung, die sich ja für gewöhnlich mit dem Kaufpreis deckt, zur Verfügung steht. Außer dem Vortheil, daß das Trennstück ohne Weiteres lastenfrei abgeschrieben werden kann, wird der Antragsteller um so leichter die baare Hinterlegung der Ausgleichssumme

---

*) § 55 Gr.B.O.: „Jede Eintragung soll dem Antragsteller und dem eingetragenen Eigenthümer sowie im Uebrigen allen aus dem Grundbuche ersichtlichen Personen bekannt gemacht werden, zu deren Gunsten die Eintragung erfolgt ist oder deren Recht durch sie betroffen wird. Auf die Bekanntmachung kann verzichtet werden".

riskiren, als bei glatten Verhältnissen in den meisten Fällen die Berechtigten an der Vertheilung der Ausgleichssumme kein Interesse haben, vielmehr darauf verzichten werden und Antragsteller dann nach wenigen Wochen den Geldbetrag wieder zurück erhält. Diese Vortheile sind für den Antragsteller um so werthvoller, als in vielen Fällen die für ihn vielleicht sehr vortheilhafte Veräußerung einer relativ geringen Parzelle davon abhängt, daß er letztere sofort und ohne Verzögerung dem Erwerber lastenfrei zur Verfügung stellen kann. A will z. B. von seinem Nachbar B zu Bauzwecken einen Streifen zu 0,030 ha des dem B gehörigen Gartens X zu 0,443 ha im Werth von 7500 ℳ erwerben und bietet, obwohl der Streifen unter gewöhnlichen Verhältnissen einen weit geringeren Werth hat, einen sofort zahlbaren Preis von 1000 ℳ unter der Bedingung, daß ihm die Grundfläche zum sofortigen Beginn des Baues lastenfrei überwiesen wird, während er andern Falles von seinem Angebot zurücktreten würde. Obwohl voraussichtlich keiner der betheiligten Berechtigten eine Ausgleichung dieser verhältnißmäßig nur geringen Minderung des Grundstückes X nach Umfang und Werth verlangen, sondern auf solche verzichten wird, wird der Antragsteller dennoch gut thun, die Ausgleichung der Werthminderung zu 1000 ℳ durch baare Erlegung dieses Betrags anzubieten, um die sofortige lastenfreie Abschreibung des Trennstückes zu erreichen, und kann dann abwarten, ob Seitens eines Berechtigten die Vertheilung der Ausgleichssumme verlangt wird oder nicht.

II. 1) Ist es dagegen dem Antragsteller weniger darum zu thun, die Sache möglichst rasch zu erledigen, als vielmehr eine Ausgleichung durch Baargeld oder ein anderes Grundstück zu vermeiden, weil er vielleicht die erforderlichen Mittel oder ein zur Ausgleichung geeignetes pfandfreies Grundstück nicht hat oder wenigstens von einer solchen Ausgleichung wenn möglich absehen will, so stehen ihm zweierlei Wege offen.

a. (Artikel 6.)

Kann und will er sich gleich entscheiden, ob er die Ausgleichung, falls auf einer solchen seitens der Berechtigten oder auch nur eines derselben bestanden wird, durch Baargeld oder durch ein anderes Grundstück leisten wird, so hat er mit dem Antrage auf Feststellung der Un=

schädlichkeit zugleich diese Ausgleichung in der einen oder anderen Form anzubieten für den Fall, daß die Berechtigten auf Ausgleichung bestehen, und hiemit den weiteren Antrag zu verbinden, die Berechtigten aufzufordern, sich binnen einer Frist von einem Monate zu erklären, ob sie auf der von ihm angebotenen Ausgleichung bestehen.

Diese Aufforderung an die Berechtigten erfolgt nur, wenn der Eigentümer solche beantragt, nicht von Amtswegen; würde ein Antrag vom Eigentümer nicht vorliegen, könnte die Unschädlichkeit nur gegen Ausgleichung der Werthminderung festgesetzt werden. Aber auch wenn der Eigentümer eine solche Aufforderung an die Berechtigten beantragt hat, erfolgt letztere nur, nachdem der Richter zuvor das Vorhandensein der übrigen gesetzlichen Vorbedingungen zur Erlassung des Unschädlichkeitszeugnisses geprüft hat und für gegeben erachtet und ihm außerdem die Ausgleichung, wie vom Antragsteller bedingungsweise angeboten, genügend erscheint. Bietet z. B. der Antragsteller für den Fall, daß eine Ausgleichung von einem Berechtigten überhaupt beansprucht wird, solche durch ein anderes Grundstück an, der Richter erachtet aber diese Ausgleichung für nicht genügend, so erfolgt nicht die Aufforderung an die Berechtigten zur Erklärungsabgabe, sondern der Antrag ist zur Ergänzung bezüglich des Ausgleichungsofferts zurückzugeben, eventuell abzuweisen. In diesem Falle könnte auch nicht eine Aufforderung an die Berechtigten etwa dahin erfolgen, sich zu erklären, ob sie auf Ausgleichung, zwar nicht wie vom Antragsteller offerirt, aber wie vom Richter zweckentsprechend befunden, bestehen oder auf solche verzichten, weil ein hierauf gerichteter Antrag des Eigenthümers nicht vorliegt.

Liegt aber ein zulässiger Antrag vor und wird die vom Antragsteller bedingungsweise angebotene Ausgleichung vom Richter für entsprechend erachtet, so erfolgt antragsgemäß im Wege eines Zwischenverfahrens die gerichtliche Aufforderung an alle Berechtigte, sich binnen einer Frist von einem Monate zu erklären, ob sie auf der vom Antragsteller angebotenen Ausgleichung bestehen.

In der Aufforderung, welche die Größe des Trennstücks und der Werthminderung zu enthalten hat, ist den Berechtigten mitzuteilen, daß die Feststellung der Unschädlichkeit bevorsteht und ihnen als Rechtsnachtheil anzudrohen, daß bei Nichtabgabe einer Erklärung ihr Verzicht auf Ausgleichung angenommen und demgemäß die Unschädlichkeit ihnen gegenüber ohne Ausgleichung der Werthminderung festgestellt werden würde.

Diese Aufforderung wird allen Berechtigten d. i. den im Grundbuch eingetragenen Hypothek-, Grundschuld- und Rentenschuld-Gläubigern sowie Realberechtigten oder den bekannten Erben solcher eingetragener Berechtigter oder den Berechtigten, deren Rechte zwar im Grundbuch nicht eingetragen, aber im Verfahren angemeldet und auf Verlangen des Gerichtes glaubhaft gemacht sind, persönlich zugestellt; sollte eine persönliche Zustellung wegen Domizilsveränderung, Unbekanntheit der Adresse oder Ablebens des Berechtigten und Unbekanntseins seiner Erben nicht thunlich sein, erfolgt die öffentliche Zustellung an die Betreffenden durch Anschlag an der Gerichtstafel und einmalige Einrückung in das Amtsblatt; letzteren Falles beginnt die einmonatliche Erklärungsfrist erst mit Ablauf von zwei Wochen nach der Eintragung in das Amtsblatt.

Nun nach Zustellung der Aufforderung muß ein Monat und bei öffentlicher Zustellung sechs Wochen zugewartet werden, ob und was die Berechtigten thun. Erst wenn bis zum Ablauf dieser Frist von keinem der Berechtigten eine Erklärung abgegeben worden ist, daß die Ausgleichung wie angeboten in Anspruch genommen wird, kann das Unschädlichkeitszeugniß ausgestellt werden, in welchem dann in Verwirklichung des den Berechtigten vorgesteckten Präjudizes die Unschädlichkeit der Veräußerung des Trennstücks ihnen gegenüber ohne Ausgleichung der Werthminderung festgestellt wird.

Würde dagegen einer oder der andere der Berechtigten innerhalb der Frist die Ausgleichung verlangen, würde nach Ablauf der Erklärungsfrist das Unschädlichkeitszeugniß dahin ausgestellt werden, daß die Veräußerung des Trennstücks denjenigen Berechtigten gegenüber, welche die Ausgleichung verlangt haben, gegen Ausgleichung der Werthminderung, wie vom Antragsteller angeboten, gegenüber den übrigen Berechtigten aber, welche eine Erklärung nicht abgegeben haben und daher mit dem Anspruch auf Ausgleichung ausgeschlossen sind, ohne Ausgleichung für unschädlich erklärt wird.

Der Antragsteller hat dann die von ihm angebotene Ausgleichung zu leisten, also entweder den Baarbetrag bei der Hinterlegungsstelle des Gerichtes einzubezahlen oder die Rechte der Gläubiger auf das zur Ausgleichung angebotene Ersatzgrundstück zu erstrecken.

Aus dem Angeführten ergibt sich, daß dieses Verfahren umständlich, langwierig und besonders bei erforderlicher öffentlicher Zustellung kostspielig ist, weshalb es sich nur in denjenigen Fällen empfehlen wird, in welchen der Antragsteller im Voraus ziemlich sicher ist, daß die Aufforderung an die Berechtigten den gewünschten Erfolg haben wird, nämlich daß von keinem derselben die angebotene Ausgleichung verlangt wird. Dieses Verfahren wird sich in Folge dessen speziell für diejenigen in der Praxis nicht seltenen Fälle empfehlen, in welchen auf dem zu veräußernden oder vielleicht längst schon veräußerten Trennstücke, dessen lastenfreie Abschreibung von den übrigen Berechtigten bedingungslose bereits genehmigt ist oder genehmigt wird, ein Anspruch eingetragen ist, welcher bereits löschungsreif ist, aber wegen Unbekanntseins der zur Löschung Berechtigten nicht gelöscht werden kann, oder Ansprüche solcher Berechtigter, deren Erklärung wegen Ablebens, Verschollenheit u. dergl. nicht beigebracht werden kann. Im Hypothekenbuche sind noch Wohnungs-, Pfründe- und ähnliche Ansprüche in großer Anzahl, wie auch Hypothekkapitalien, besonders Elterngüter und Erbtheile für Personen eingetragen, welche längst verstorben, verzogen oder verschollen sind, Ansprüche, welche vielfach selbst längst nicht mehr zu Recht bestehen, aus den angeführten Gründen aber nicht gelöscht werden können. Wenn dem bisherigen Rechtszustande, daß einzelne Grundstücke oder Grundstückstheile wegen dieser alten Hypothekeinträge vom Anwesen nicht abgeschrieben werden konnten, durch die Artikel 6—9 des Gesetzes vom 18. Juni 1898, betr. die Vorbereitung der Anlegung des Grundbuchs in den Landestheilen r. d. Rh., von nun an glücklicherweise auch das längst verdiente Ende gemacht ist, ist dem Eigenthümer damit allein wenig gedient, weil nun zwar das von ihm veräußerte Trennstück ab- und der Besitztitel auf den neuen Besitzer im Hypotheken- und künftig Grundbuche umgeschrieben werden kann, gleichzeitig aber auch diese alten Hypotheken als Gesammthypotheken auf die Trennstücke mitübertragen werden müssen. Gerade für diese Fälle ist die Anwendung des gegenwärtigen Gesetzes geboten und dringend zu empfehlen, wobei der Antragsteller regelmäßig diesen Modus wählen und mit demselben seinen Zweck erreichen wird.

b) (Artikel 7.)

Der zweite, vom vorigen Modus wenig verschiedene Weg ist der in Artikel 7 vorgesehene, wenn der Antragsteller eine Ausgleichung überhaupt nicht anbieten will. Er kann sich nämlich die Entscheidung, ob und welche Ausgleichung er leisten will, vorerst ganz vorbehalten und zuwarten, ob ein Verlangen auf Ausgleichung seitens der Berechtigten überhaupt gestellt wird. Auch in diesem Fall hat er wie in dem ad a besprochenen Falle mit dem Antrage auf Feststellung der Unschädlichkeit den weiteren Antrag zu verbinden, die Berechtigten aufzufordern, sich binnen eines Monats zu erklären, ob sie eine Ausgleichung verlangen.

Der für die Praxis unwesentliche Unterschied ist nur der, daß bei gegenwärtigem Antrage die sofortige bedingungsweise Anbietung der Ausgleichung unterbleibt und der Antragsteller sich Erklärung darüber, ob er eine Ausgleichung überhaupt und in welcher Weise anbieten will, vorerst ganz vorbehält. Die Aufforderung mit Präjudiz des Verzichtes auf Ausgleichung, Zustellung dieser Aufforderung an die Berechtigten, Frist zur Erklärungsabgabe und weiteres Verfahren sind die gleichen wie im vorigen Fall mit dem einzigen und wesentlichen Unterschiede, daß, wenn auf die Aufforderung ein Berechtigter das Verlangen auf Ausgleichung stellt, nicht wie im vorhergehenden Falle das Unschädlichkeitszeugniß mit Anordnung der Ausgleichung ausgestellt werden kann, weil eine Ausgleichung vom Antragsteller noch gar nicht angeboten ist, sondern von diesem Verlangen erst der Antragsteller verständigt wird. Dieser hat sich nun zu entscheiden, ob er die verlangte Ausgleichung und in welcher Form, ob durch Baarzahlung oder durch ein anderes Grundstück, überhaupt anbieten oder aber, wenn er dies aus irgend welchen Gründen nicht thun will oder kann, seinen Antrag, der dann nur ein vergeblicher Versuch gewesen, ganz zurückziehen will. Ist er aber, um den Zweck seines Antrages zu erreichen, zur verlangten Ausgleichung bereit, hat er solche dann in einem ergänzenden Antrage in der in Artikel 5 Abs. 2 vorgeschriebenen Weise anzubieten, worauf das Gericht erst die Zulänglichkeit dieser Ausgleichung zu prüfen und gegebenen Falles das Unschädlichkeitszeugniß in gleicher Weise wie oben auszustellen hat.

Der Hauptunterschied dieses und des vorigen Falles

liegt darin, daß im ersteren Falle die eventuell zu leistende Ausgleichung im Voraus schon bestimmt und angeboten wird, die Berechtigten also durch die Aufforderung bereits erfahren, ob ihnen die Ausgleichung in Geld oder durch ein anderes und welches Grundstück angeboten wird, und sie sich bei Vermeidung der Verzichtsannahme zu erklären haben, ob sie auf der Ausgleichung nämlich der vom Antragsteller angebotenen Ausgleichung bestehen, während der zweite Fall eine Probe ist, ob die Berechtigten überhaupt die Ausgleichung verlangen, gleichgiltig ob solche durch Baargeld oder durch ein anderes Grundstück erfolgen wird. Hiebei ist zu beachten, daß die Entscheidung, ob die Ausgleichung durch Baargeld oder durch ein anderes Grundstück zu erfolgen hat, in allen Fällen vorbehaltlich der Prüfung durch den Richter nur beim Antragsteller liegt, nicht aber von den Berechtigten abhängt, welche auf die ihnen zugestellte Aufforderung hin im ersteren Fall (a) nur erklären können, daß sie die vom Antragsteller angebotene Ausgleichung verlangen, im zweiten Fall (b), daß sie überhaupt die Ausgleichung in Anspruch nehmen, nicht aber z. B. daß sie im Falle a die angebotene Ausgleichung durch ein anderes Grundstück nicht acceptiren, sondern Ausgleichung in Baargeld verlangen, oder im Falle b, daß sie eine Ausgleichung durch Erlegung eines bestimmten Geldbetrages verlangen. Ersteren Falles (a) ist durch die Zulassung des Antrags und die Aufforderung der Berechtigten zur Erklärungsabgabe die Zulänglichkeit der eventuell angebotenen Ausgleichung vom Richter bereits geprüft und bejaht (vergl. Note 1 zu Artikel 6) und wird nur noch die Probe gemacht, ob die Berechtigten hierauf nicht verzichten, letzteren Falles (b) hat die Aufforderung die Bedeutung der Erprobung, ob überhaupt auf Ausgleichung von vornherein nicht verzichtet wird, nicht aber diese Ausgleichung, wenn auf solcher bestanden wird, und deren nähere Modalität zu bestimmen und die eine oder andere Form zu wählen.

Es liegt auf der Hand, daß dieser Unterschied für den Antragsteller und Erreichung seines Zweckes von wenig oder gar keiner praktischen Bedeutung ist. In beiden Fällen hat er, wenn seitens eines Berechtigten ein Verlangen hierauf gerichtet wird, die Werthminderung auszugleichen, wobei es für ihn ziemlich gleich sein wird, ob er sich für die eine oder andere Art der Ausgleichung von Anfang an bei Stellung des

Antrags oder erst, wenn ein hierauf gerichtetes Verlangen eines Berechtigten vorliegt, zu entscheiden hat. Es ist vielmehr, — abgesehen von dem Falle der Beteiligung lediglich eines unbekannten oder längst verschollenen Berechtigten, dessen Erklärung auf anderem Wege nicht zu bekommen ist, als durch die Fiktion des Verzichts nach vergeblicher Aufforderung zur Erklärungsabgabe, — bei Beteiligung bekannter Berechtigten naheliegend, daß letztere viel eher geneigt sein werden, auf eine ihnen angebotene Ausgleichung zu verzichten, wenn sie über den Werth und die näheren Modalitäten dieser Ausgleichung schon in der Aufforderung zur Erklärungsabgabe genaueren Aufschluß erhalten, als wenn sie hierüber vollständig im Unklaren belassen werden und selbst entscheiden sollen, ob sie auf Ausgleichung verzichten wollen oder nicht.

Wird aber von keinem Berechtigten das Verlangen nach Ausgleichung gestellt, erhält der Antragsteller das Unschädlichkeitszeugnis ohne Ausgleichung, ob er solche zuvor angeboten hat oder nicht, sodaß bei diesem vom Antragsteller doch beabsichtigten Resultate es für ihn wieder gleichgiltig sein kann, ob er eine eventuelle Ausgleichung zuvor anbietet oder nicht.

Die Fälle, für welche sich die Einschlagung dieses zweiten Weges empfiehlt, sind die gleichen wie für den ersten Fall und wird aus den angeführten Gründen der Antragsteller diesen zweiten, noch umständlicheren und langwierigeren Weg regelmäßig nur dann wählen, wenn er überhaupt nicht gewillt oder im Stande ist, eine Ausgleichung in der einen oder anderen Form anzubieten, er vielmehr den Antrag, wenn wider Erwarten auf die Aufforderung hin das Verlangen nach Ausgleichung gestellt würde, zurücknehmen müßte, also insbesondere in den ad a besprochenen Fällen, in denen bestimmt vorausgesehen werden kann, daß eine Ausgleichung seitens des Berechtigten nicht verlangt wird und für gewöhnlich nicht verlangt werden kann, weil Letzterer unbekannt oder verschollen ist, d. h. in *allen Fällen, in welchen ein Aufgebotsverfahren veranlaßt wäre*, aber wegen Mangels der gesetzlichen Bedingungen desselben nicht eingeleitet werden kann oder wegen der mit diesem Verfahren verbundenen größeren Umständlichkeiten und Kosten nicht beantragt werden will.

2. In den ad 1. besprochenen Fällen wird das Unschädlichkeitszeugnis in der Regel erst nach Ablauf der Erklärungs-

frist auszustellen sein, wenn feststeht, ob und welche der Berechtigten eine Ausgleichung verlangen. Insbesondere muß dann, wenn die Ausgleichung der Werthminderung durch ein anderes Grundstück erfolgen soll, die Frist vollständig abgewartet werden, weil im Unschädlichkeitszeugnis alle Berechtigten, deren Rechte auf das Ersatzgrundstück zu erstrecken sind (Artikel 3 Abs. 2), namentlich und mit Angabe ihrer Rechte und des Rangverhältnisses anzuführen sind, ebenso die Berechtigten, denen gegenüber eine Ausgleichung nicht erforderlich ist (Artikel 7 Abs. 4), Beides aber erst nach Ablauf der Erklärungsfrist feststeht.

Dagegen kann, wenn die Ausgleichung in Geld erfolgen soll, mit Rücksicht auf die Bestimmung in Artikel 11 das Unschädlichkeitszeugniß schon dann erteilt werden, sobald auch nur seitens eines der Berechtigten innerhalb der Erklärungsfrist die Ausgleichung verlangt ist, und braucht der Ablauf der Frist nicht unbedingt abgewartet zu werden. Für gewöhnlich wird sich zwar auch für diesen Fall empfehlen, den Ablauf der Frist noch vollständig abzuwarten und dann erst das Unschädlichkeitszeugniß auszustellen, besonders wenn kein dringender Grund der Beschleunigung vorliegt oder bis zum Ablauf der Frist nur noch wenige Tage abzuwarten sind, weil sonst im Unschädlichkeitszeugniß alle Berechtigten, welche eine Erklärung noch nicht abgegeben haben, denen aber die Frist hiezu noch läuft, berücksichtigt werden müßten, und die Ausgleichung ihnen gegenüber ebenso wie gegenüber denjenigen Berechtigten, welche die Ausgleichung bereits verlangt haben, nur gegen Ausgleichung festgestellt werden könnte.

Es kann aber der Antragsteller ein lebhaftes Interesse an einer möglichst beschleunigten Erledigung haben, in welchem Falle der Richter, sobald einmal feststeht, daß die Ausgleichung wenigstens seitens eines der Berechtigten verlangt wird, das Unschädlichkeitszeugniß noch vor Ablauf der Frist unter Anordnung der Ausgleichung auszustellen befugt ist, hiebei aber dann die Ausgleichung durch Geld gegenüber allen Berechtigten, die nicht etwa bereits ausdrücklich hierauf verzichtet haben, also sowohl gegenüber denjenigen, welche das Verlangen nach Ausgleichung bereits erklärt haben, als auch gegenüber denjenigen, welche noch keine Erklärung abgegeben haben, für welche aber die Frist hiezu noch läuft, anzuordnen hat. Denn diejenigen Berechtigten, welche eine Erklärung noch nicht abgegeben haben, können eine solche immer noch innerhalb der für sie laufenden Frist nachholen und sind mit dem Verlangen nach Ausgleichung erst ausgeschlossen, wenn die Frist vollständig abgelaufen ist, ohne daß sie eine Erklärung abgegeben haben.

Nach Artikel 11 erhalten die Beteiligten, wenn ein Geldbetrag zur Verteilung unter die Berechtigten hinterlegt ist, die Unschädlichkeit also gegen Ausgleichung durch Geld bereits ausgesprochen und der zur Ausgleichung bestimmte Betrag wirklich erlegt ist, von dieser Hinterlegung durch das Gericht Mitteilung mit der Aufforderung, innerhalb eines Monats sich zu erklären, ob sie auf der Vertheilung des hinterlegten Betrages bestehen, wobei ihnen als Präjudiz der Unterlassung einer Erklärung die Annahme des Verzichts auf den hinterlegten Betrag anzudrohen ist.

Diese sehr wichtige und, wie noch gezeigt werden wird, für die Berechtigten folgenschwere Bestimmung bezieht sich nicht nur, wie ad I angeführt, auf die dort besprochenen Fälle der sofortigen Ausgleichung der Werthminderung durch Baargeld, in welchen die Berechtigten erst durch diese Aufforderung von dem ganzen Verfahren und der bereits festgestellten Unschädlichkeit der Abtrennung Kenntniß erhalten, sondern ebenso auch auf die Fälle der Artikel 6 und 7 d. h. auf die Fälle, in welchen die Berechtigten bereits zur Erklärung darüber, ob sie die angebotene Ausgleichung oder eine solche überhaupt verlangen, aufgefordert worden sind und auf das Verlangen der Berechtigten oder eines oder mehrerer von ihnen die Ausgleichung angeordnet und der hiezu bestimmte Betrag vom Antragsteller erlegt ist. Diese weitere in Artikel 11 vorgesehene Aufforderung ergeht selbstverständlich, wenn bei deren Erlassung die zur Erklärungsabgabe auf die erste Aufforderung laufende Frist für alle Berechtigte bereits abgelaufen ist, nur an diejenigen Berechtigten, welche innerhalb dieser ersten Frist die Ausgleichung verlangt haben, weil ja die anderen Berechtigten mit dem Anspruch auf Ausgleichung bereits ausgeschlossen sind, also bei der Verteilung des zur Ausgleichung bestimmten Betrags nicht mehr beteiligt und interessirt sind. Ist dagegen die Erklärungsfrist auf die erste Aufforderung noch nicht vollständig abgelaufen, was besonders bei der verlängerten Frist von sechs Wochen häufig zutreffen wird, so ist die Aufforderung nach Artikel 11 an alle Berechtigten zu erlassen, welche entweder die Ausgleichung bereits verlangt haben oder ein solches Verlangen innerhalb der für sie hiezu noch laufenden Frist noch zu erklären berechtigt sind.

Für diese letzteren Berechtigten aber ist die volle Frist von einem neuen Monat, welche auch hier bei öffentlicher Zustellung an einen unbekannten Berechtigten diesem gegenüber erst mit Ablauf von zwei Wochen nach Einrückung der Aufforderung in das Amtsblatt beginnt, nur maßgebend, wenn sie noch innerhalb der für sie zur Erklärung, ob auf Ausgleichung bestanden wird, laufenden d. i. ersten Frist ein solches Verlangen erklären, während sie bei Versäumung dieser ersten Frist trotz der inzwischen erfolgten weiteren Aufforderung nach Artikel 11 und der hierauf laufenden neuen Frist die erstere Erklärung nicht nachholen können, sondern wie mit dem Anspruch auf Ausgleichung so folgegemäß auch mit jedem Anspruch auf Vertheilung des zur Ausgleichung bestimmten Betrages ausgeschlossen sind.

Z. B. Z. beantragt, die Veräußerung einer Theilfläche von 0,170 ha = 50 Dezimalen um 500 ℳ aus seinem mit seinem Gesamtanwesen zu zusammen 6,680 ha = 19,60 Tagwerk verpfändeten Grundstücke Pl.-Nr. X zu 0,784 ha = 2,30 Tagwerk für unschädlich zu erklären und seine Hypothekgläubiger A, B, C und D zur Erklärung aufzufordern, ob sie eine Ausgleichung verlangen, (Artikel 7). Der Amtsrichter erachtet die Minderung des Trennstücks nach Umfang und Werth im Verhältniß zum Restgrundstück und dem übrigen verpfändeten Grundbesitz (Artikel 2 Abs. 1 letzter Satz) für gering und eine Ausgleichung für nicht geboten, erläßt daher unterm 7. März 1899 wie beantragt die Aufforderung gemäß Artikel 7 an die Gläubiger A, B, C und D, von denen B unbekannten Aufenthalts ist, an letzteren im Wege öffentlicher Zustellung. Die Aufforderung ist den Gläubigern A, C und D am 10. März 1899 zugestellt und für den Gläubiger B neben Anschlag an der Gerichtstafel am 12. März 1899 im Amtsblatt ausgeschrieben. Für die Gläubiger A, C und D läuft die Frist zur Erklärungsabgabe mit Schluß des 9. April 1899, für den

Gläubiger B mit Schluß des 25. April 1899 ab (§ 187 Abs. 1, § 188 Abs. 2 B.G.B.).

Am 16. März 1899 erklärt Gläubiger C in einem an diesem Tage bei Gericht einlaufenden Briefe, daß er Ausgleichung verlange. Tags darauf erläßt der Amtsrichter an den Antragsteller Z Verfügung, in welcher er diesem von dem Verlangen des Gläubigers C Kenntnis gibt und ihn auffordert, binnen vier Wochen sich zu erklären, ob und in welcher Weise er die verlangte Ausgleichung anbieten will, widrigenfalls sein Antrag auf Feststellung der Unschädlichkeit abgewiesen würde. Z, welcher die Sache zu einem baldigen Ende führen will, erbietet sich mit Eingabe vom 24. März 1899 zur Ausgleichung durch Barerlage von 500 ℳ und erlegt diesen Betrag gleichzeitig bei der Hinterlegungsstelle des Amtsgerichts mit der Bestimmung, daß zur Rücknahme die Ermächtigung des Amtsgerichts erforderlich sei (Artikel 3 Abs. 1). Der Amtsrichter stellt nun, obwohl die Erklärungsfrist für alle übrigen Gläubiger A, B und D noch läuft, unterm 26. März 1899 Unschädlichkeitszeugniß dahin aus, daß die Veräußerung der bezeichneten Theilfläche um 500 ℳ gegen Ausgleichung dieser Werthminderung durch Erlegung von 500 ℳ baar für die Hypothekgläubiger A, B, C und D, deren Hypotheken genau spezifizirt anzuführen sind (Artikel 7 Abs. 4), für unschädlich erklärt wird. Auf Grund dieses Unschädlichkeitszeugnisses, der Depositalquittung der gerichtlichen Hinterlegungsstelle und des notariellen Kaufvertrages erfolgt sofort der Vollzug des letzteren im Hypothekenbuche, wenn inzwischen keine weiteren Berechtigten eingetragen worden sind (Artikel 9 Abs. 1).

Gleichzeitig mit dem Unschädlichkeitszeugniß erläßt der Amtsrichter, welchem Nachweis über Hinterlegung der zur Ausgleichung bestimmten fünfhundert Mark vom Antragsteller Z. vorgelegt ist, am 26. März 1899 unter Mittheilung von der Hinterlegung Aufforderung gemäß Artikel 11 und zwar an alle Berechtigte A, B, C und D, dem B wieder im Wege öffentlicher Zustellung, weil für alle noch die Frist zur Erklärung, ob eine Ausgleichung verlangt wird, läuft, daher noch keiner von ihnen mit seinem Anspruch hierauf ausgeschlossen ist. Diese Aufforderung, innerhalb eines Monats zu erklären, ob sie auf der Vertheilung des hinterlegten Betrags bestehen, ist den Gläubigern A, C und D am 1. April 1899 zugestellt, für den Gläubiger B neben Anschlag an der Gerichtstafel am gleichen Tage im Amtsblatt veröffentlicht. Während nun für C die Frist mit 30. April 1899 abläuft, sind die Gläubiger A und D mit Ablauf des 9. April 1899 und Gläubiger B mit Ablauf des 25. April 1899, wenn sie nicht vor diesen Terminen erklären, daß sie auf der Ausgleichung der Werthminderung bestehen, wie mit dem Anspruch auf die Ausgleichung so auch folgegemäß mit dem Anspruch auf Vertheilung des zur Ausgleichung bestimmten Betrages ausgeschlossen und könnten einen solchen Anspruch nicht mehr innerhalb der für A und D mit 30. April und für B mit 14. Mai 1899 ablaufenden zweiten Frist nachholen. Würden also A und D bis Schluß des 9. April und B bis Schluß des 25. April 1899 das Verlangen auf Ausgleichung nicht gestellt, dagegen C am 20. April 1899 erklärt haben, daß er auf Vertheilung der 500 Mk. bestehe, könnte sofort am 26. April 1899 d. i. dem Tage, von welchem ab nicht bloß A und D, deren Frist schon mit 9. April abgelaufen, sondern auch B mit ihren Ansprüchen auf Ausgleichung ausgeschlossen sind, der ganze zur Ausgleichung bestimmte Betrag von 500 Mk., ohne daß es bei Betheiligung nur eines einzigen Berechtigten nämlich des C eines gerichtlichen Vertheilungsverfahrens bedarf, diesem C zugewiesen werden, wenn die lastenfreie Abschreibung des Trennstücks im Hypothekenbuch inzwischen erfolgt ist (Artikel 12 Absatz 2 des gegenwärtigen Gesetzes und Artikel 95 Absatz 1 der bayer. Subh.O.). Eine frühere Vertheilung oder Ausbezahlung des hinterlegten Betrags, bevor die lastenfreie Abschreibung des Trennstücks im Hypothekenbuch erfolgt ist, ist deßhalb nicht zulässig, weil möglicherweise nach Ertheilung des Unschädlichkeitszeugnisses noch Berechtigte im Hypothekenbuch eingetragen worden sein können, deren Rechte durch das Unschädlichkeitszeugniß nicht präjudizirt werden können (vergl. Artikel 12 Absatz 2 und Note 4 hiezu).

Würde dagegen in unserem Beispiel Gläubiger D noch am 9. April 1899 als dem letzten Tage der ihm laufenden Frist erklären, daß er Ausgleichung verlange, müßte auf die zweite Aufforderung bis 30. April 1899 zugewartet werden, ob Seitens des C und D, welche hienach allein innerhalb der zulässigen Frist das Verlangen auf Ausgleichung gestellt haben, auf Vertheilung des hinterlegten Betrages bestanden wird. Wenn bis 30. April 1899 keiner von ihnen die Vertheilung verlangt hat, kann am 1. Mai 1899 der Eigenthümer Z zur Rücknahme der 500 Mk. ermächtigt werden (Artikel 11 Absatz 2).

Da es aber nicht wahrscheinlich ist, daß C und D auf eine Vertheilung des hinterlegten Betrags verzichten, weil sie sonst von Anfang an nicht die Ausgleichung verlangt, sondern wohl schon hierauf verzichtet hätten, so ist, wenn Beide die Vertheilung verlangen, für sie, nicht aber auch für die mit ihren Ansprüchen auf Ausgleichung ausgeschlossenen A und B, das Vertheilungsverfahren einzuleiten; würde dagegen nur C oder D allein auf Vertheilung bestehen, bedürfte es, weil nur ein Beteiligter in Frage steht, keines Vertheilungsverfahrens, sondern könnte am 1. Mai 1899, vorausgesetzt daß bis dorthin das Trennstück im Hypothekenbuch pfandfrei abgeschrieben ist, die Auszahlung der 500 Mk. an den allein Berechtigten C oder D verfügt werden.

Hiebei ist vor einem aus der doppelten Aufforderung an die Gläubiger sich ergebenden, nahe liegenden Mißverständnisse, welches für die Beteiligten verhängnißvolle Folgen nach sich ziehen würde, zu warnen.

Wenn nämlich beispielsweise Gläubiger D, dessen Forderung an letzter Stelle eingetragen ist und welcher deshalb mehr Interesse an einer Ausgleichung hat wie die ihm im Range vorgehenden Gläubiger A, B und C, auf die erste Aufforderung hin rechtzeitig seine Erklärung, daß er Ausgleichung verlange, abgegeben hat und dann die zweite Aufforderung zur Erklärung, ob er auf Vertheilung des zur Ausgleichung hinterlegten Betrages besteht, zugestellt erhält, so wäre es ein sehr entschuldbares Mißverständniß, wenn D im guten Glauben, daß er seine Rechte durch die erste Erklärung genügend gewahrt habe, auf die zweite Aufforderung hin keine weitere Erklärung abgeben würde.

Es liegt für den einfachen Laien die Logik zu nahe, daß er ja bereits in seiner ersten Erklärung die Ausgleichung ausdrücklich verlangt habe, daher mit solcher nicht mehr ausgeschlossen werden könne und eine nochmalige Erklärung seinerseits überflüssig sei, die neuerliche Aufforderung zur Erklärung, ob er Verteilung des hinterlegten Betrags verlange, ihn also

Nichts mehr angehe. Zu spät würde er zu seinem Nachteil erfahren, daß er trotz seiner ersten Erklärung mit jedem Anspruch auf den zur Ausgleichung bestimmten Betrag ausgeschlossen ist, weil er die zweite Aufforderung unbeachtet gelassen hat. Da aber nicht jeder Betheiligter Lust und überflüssiges Geld hat, noch einen Anwalt zur Vertretung seiner Interessen beizuziehen, was allerdings fast nothwendig wäre, wird es Pflicht und Aufgabe des Amtsrichters sein, in der auf Grund Artikel 11 zu erlassenden Aufforderung für die vom Gesetze vorgeschriebene Androhung des Rechtsnachtheils, daß die Unterlassung der Erklärung als Verzicht auf die Rechte an dem hinterlegten Betrag angesehen werden würde, einen jedes Mißverständniß hierüber ausschließenden Wortlaut zu wählen und die knappen Worte des Gesetzes in eine auch dem Gesetzesunkundigen verständliche Belehrung zu kleiden. Hiefür möge im Anschluß an obiges Beispiel folgende Formel dienen:

Verfügung.

In Sachen des Weinwirtes Z. in M. wegen Feststellung der Unschädlichkeit hat dieser den im diesgerichtlichen Unschädlichkeitszeugnisse von heute zur Ausgleichung der Wertminderung bestimmten Geldbetrag von 500 Mk. bei der Hinterlegungsstelle des unterfertigten Gerichtes in vorgeschriebener Weise hinterlegt. Solches wird den betheiligten Hypothekgläubigern hiemit unter der Aufforderung mitgetheilt, innerhalb einer Frist von einem Monate von Zustellung gegenwärtiger Verfügung an schriftlich oder mündlich bei dem unterfertigten Gerichte zu erklären, ob sie auf Vertheilung der hinterlegten 500 Mk. bestehen, widrigenfalls bei Unterlassung einer solchen Erklärung angenommen würde, daß sie auf eine Verteilung dieser 500 Mk. verzichten, und das Geld nach Ablauf der Frist dem Antragsteller Z wieder hinausbezahlt werden würde.

Hiebei werden die betheiligten Gläubiger ausdrücklich darauf hingewiesen, daß sie auf die zur Ausgleichung bestimmten 500 Mk. nur Anspruch haben, wenn sie

1) auf die ihnen bereits zugestellte diesgerichtliche Aufforderung vom 7. März heur. Js. rechtzeitig d. i. innerhalb der auf diese frühere Aufforderung laufenden Erklärungs-

frist entweder bereits Erklärung abgegeben haben oder, soweit solches noch nicht geschehen ist, Erklärung noch abgeben, daß sie überhaupt Ausgleichung verlangen, und

2) außerdem auf gegenwärtige Aufforderung hin, noch weiter rechtzeitig erklären, daß sie auf Vertheilung der 500 Mk. bestehen.

M. den 26. März 1899.

N. N. k. Amtsrichter.

Gesetz

das Unschädlichkeitszeugniß betreffend,

vom 15. Juni 1898.

(Ges. u. Verordn.-Blatt 1898 Seite 301.)

Im Namen Seiner Majestät des Königs.

Luitpold,

von Gottes Gnaden Königlicher Prinz von Bayern,

Regent.

Wir haben nach Vernehmung des Staatsrathes mit Beirath und Zustimmung der Kammer der Reichsräthe und der Kammer der Abgeordneten und in Ansehung der Artikel 14—16 unter Beobachtung der in Tit. X § 7 der Verfassungsurkunde vorgeschriebenen Formen beschlossen und verordnen was folgt:

Artikel 1. **Feststellung der Unschädlichkeit und Zuständigkeit.**

Wird eine Theilfläche[1]) eines Grundstücks[2]), das mit Hypotheken, Grundschulden, Rentenschulden oder Reallasten belastet ist,[3]) veräußert,[4]) so wird das Trennstück ohne Einwilligung der Berechtigten[5]) von den Belastungen frei, wenn von dem Amtsgerichte, bei welchem das Grundbuch für das

Grundstück geführt wird,[6][7]) festgestellt ist, daß die Veräußerung für die Berechtigten unschädlich ist.[8])

E. 193. M. 197 ff. I 503 ff. 533. II 133. 140. B. 44 ff. B. Abg. 621 ff. 1113. 1139. Pr.R.R. 674. B. R.R. 463.

Becher 52 ff. 152. 195. 232b. 234.

1. Bei Veräußerung eines ganzen Grundstücks findet das Gesetz keine Anwendung; s. Art. 120 Abs. 1 E.G. z. B.G.B.

2. Grundstück ist ein Theil der Erdoberfläche und der dazu gehörige ober- und unterirdische Raum und zwar derart, daß nicht die Materie sondern der Raum maßgebend ist. (§ 90. 94—96. 890 B.G.B. Fischer-Henle Note 2 zu § 90.) Das Gesetz umfaßt alle Grundstücke, bebaute und unbebaute, städtische, land- und forstwirthschaftliche, ebenso Wasser (Weiher, Teiche).

3. § 1113 u. 1114. 1191, 1199. 1105 B.G.B.
S. Einl. Seite 7—9.

4. Ob entgeltlich oder unentgeltlich, ist gleichgiltig und nur für den im Art. 2 Abs. 2 vorgesehenen Ausnahmefall von Bedeutung. Das Gesetz bezieht sich also auf alle Fälle der Veräußerung, Kauf, Tausch, Arrondirung, Schenkung, Uebergabe (z. B. die Eltern übergeben eine Grundstücksfläche an eines ihrer Kinder als Bauplatz oder zur Arrondirung), letztwillige Zuwendung, Erbtheilung u. s. f.

5. Als Berechtigte kommen nur diejenigen in Frage, denen an dem Grundstücke ein Hypothek-, Grundschuld- oder Rentenschuldrecht zusteht, sowie diejenigen, zu deren Gunsten eine Reallast auf dem Grundstücke besteht, und zwar nur, insoweit sie im Grundbuch eingetragen oder Erben eines eingetragenen Berechtigten sind oder ihre Rechte angemeldet und auf Verlangen des Amtsgerichts glaubhaft gemacht haben; vergl. Artikel 6 Abs. 2 und Art. 9 Abs. 2.

6. Bei Familienfideikommissen ist das Fideikommißgericht zuständig, Artikel 14 Abs. 4.

7. Bei Veräußerung von Theilflächen aus mehreren in verschiedenen Grundbuchsbezirken gelegenen Grundstücken, so z. B. bei Tauschverträgen, ist das Unschädlichkeitszeugniß von jedem Amtsgerichte für die in seinem Bezirke gelegenen Grundflächen zu ertheilen. Dies schließt jedoch nicht aus, daß das Verfahren unter Umständen zunächst von dem einen Amtsgerichte, in dessen Bezirk vielleicht das Hauptgut gelegen ist, eingeleitet und durchgeführt wird und auf Grund des von demselben auszustellenden Unschädlichkeitszeugnisses von dem zweiten Amtsgericht ohne weiteres Verfahren, wenn ein solches nicht mehr veranlaßt ist, oder lediglich nach entsprechender Ergänzung des Verfahrens das weiter erforderliche Unschädlichkeitszeugniß ausgestellt werden kann.

8. Ueber Begriff der Unschädlichkeit s. Einl. S. 13.

Artikel 2.

Voraussetzungen der Feststellung.

Die Feststellung der Unschädlichkeit darf nur erfolgen[1]), wenn die durch die Veräußerung des Trennstücks entstehende

Minderung des Umfanges[2]) und des Werthes des Grundstücks im Verhältnisse zu dem Umfang und dem Werthe des übrigen Theiles eine geringe[3]) ist; sie ist davon abhängig zu machen, daß die Werthminderung in Geld oder durch ein anderes Grundstück ausgeglichen wird.[4]) Erstreckt sich die Belastung auf andere Grundstücke, so gelten diese im Verhältnisse zu dem Trennstücke mit dem übrigen Theile des Grundstücks zusammen als ein Grundstück.[5])

Wird das Trennstück zu einem öffentlichen Zwecke[6]) unentgeltlich[7]) abgetreten, so wird auf die Werthminderung die Werthherhöhung angerechnet, die sich aus der dem öffentlichen Zwecke dienenden Anlage ergibt.[8])

Die Ausgleichung der Werthminderung ist nicht erforderlich,[9]) wenn diese den Betrag von fünfzig Mark nicht übersteigt.[10])

E. 193. M. 198. I. 501 ff. 533. II 133 ff. 140. B. 45 ff. B. Abg. 622 ff. 1121 ff. 1139. Pr. R.R. 675 ff. B. R.R. 464 ff. Becher 46. 54 ff. 122 ff. 147. 153 ff. 196 ff., 232c. 235.

1. Der Artikel 2 enthält eine Reihe von grundlegenden Bestimmungen nämlich die Voraussetzungen, unter welchen das Unschädlichkeitszeugniß ertheilt werden darf. Die e r s t e Voraussetzung ist, daß die durch die Veräußerung des Trennstücks entstehende M i n d e r u n g sowohl des U m f a n g s wie des W e r t h e s des Grundstücks im Verhältniß zum Restgrundstück eine g e r i n g e ist. Das ist die erste und zugleich unerläßliche Voraussetzung für die Ertheilung des Unschädlichkeitszeugnisses. Die Minderung des Grundstücks nach Umfang u n d Werth darf nur eine geringe sein und wenn sie das nicht ist, wenn sie also im Verhältniß zum übrigen Theil des Grundstücks eine bedeutende ist, dann darf ein Unschädlichkeitszeugnis nicht ertheilt werden, auch nicht gegen Ausgleichung der Werthminderung, sondern es ist der Antrag des Eigenthümers auf Ausstellung eines Unschädlichkeitszeugnisses zurückzuweisen und bleibt es ihm überlassen, sich mit den Berechtigten zu verständigen und deren Zustimmung zu erwirken. (B.Abg. 622.)

Die z w e i t e Voraussetzung für die Ertheilung des Unschädlichkeitszeugnisses ist, daß die Werthminderung a u s g e g l i c h e n werden muß, sei es in Geld oder durch ein anderes Grundstück. Von dieser Voraussetzung enthalten die folgenden Artikel Ausnahmen; diese zweite Voraussetzung ist also nicht so absolut wie die erste und es kann, wenn die gesetzlichen Bedingungen zutreffen, von einer Ausgleichung der Werthminderung auch vollständig abgesehen werden.

2. Die Minderung des Grundstücks muß in zweifacher Richtung gegeben sein, einmal bezüglich des U m f a n g s und dann bezüglich des W e r t h e s. Aus der in der Einleitung Seite 15 besprochenen historischen Entwicklung dieser Bestimmung ergibt sich, daß — wenn auch neben der Werthsminderung die Minderung des U m f a n g s immer zu berücksichtigen ist und im Verhältniß zum Umfang des Restgrundstücks gering sein muß, dem Richter doch keine zu engen Grenzen in dieser Richtung gezogen sind und er die von der Staatsregierung und den Gesetzesfaktoren angeführten Erwägungen wird mitberücksichtigen dürfen.

3. nicht „geringfügige"; geringfügig, das Diminutivum von gering, ist absolut, gering dagegen relativ; eine Fläche von 1 Tagwerk und ein Werth von 1000 M. sind niemals geringfügig, wohl aber unter Umständen gering z. B. im Verhältniß zu einer Fläche von 20 Tagwerk und einem Werthe von 20,000 M. des übrig bleibenden Grundstückes.

4. Es muß, insoferne nicht eine der im Gesetze zugelassenen Ausnahmen von der Ausgleichungspflicht gegeben ist, der ganze Betrag der Werthminderung, um welchen das Restgrundstück durch die Abtrennung der geringen Theilfläche weniger werth wird, entweder durch Baarzahlung oder durch ein anderes Grundstück im Mindestwerth des Trennstücks ausgeglichen d. i. gut gemacht werden, sodaß der Werth des Restgrundstücks zuzüglich der Geldausgleichung oder des Werthes des Ersatzgrundstücks gleich ist dem Werthe des ursprünglichen ganzen Grundstücks vor Abtrennung der geringen Theilfläche.

5. Diese sehr wesentliche und für den Eigenthümer günstige Bestimmung wird in der Praxis die häufigste Anwendung finden. Nach ihr ist, wenn mehrere Grundstücke oder ein ganzer Anwesenskomplex verpfändet sind, die Minderung, welche ein einzelnes Pfandobjekt durch Abtrennung einer Theilfläche erleidet, nicht im Verhältniß zum Umfang und Werth des betreffenden Restgrundstückes zu berücksichtigen, sondern nur im Verhältniß zum Umfang und Werth des ganzen verpfändet bleibenden Restbesitzes, dessen einzelne Bestandtheile als ein einziges Grundstück behandelt werden. Während also der Umfang und Werth der abzutrennenden Theilfläche im Verhältniß zur Restfläche dieses einen Grundstückes unter Umständen sehr beträchtlich sein kann, wird regelmäßig diese Minderung im Verhältniß zum Umfang und Werth des ganzen verpfändeten Restbesitzes nur gering sein, für welchen täglich vorkommenden Falls die Ertheilung des Unschädlichkeitszeugnisses zulässig ist. „Eine erhebliche Verminderung des einen Grundstücks kann gleichwohl für unschädlich erklärt werden, wenn sie gegenüber dem Gesammtumfange und dem Gesammtwerthe der Grundstücke unerheblich ist" (M. 198). Wenn z. B. für eine Hypothek oder eine Grundschuld zu 5000 M. oder eine Rentenschuld von jährlich 200 M. die Grundstücke a, b, c, d und e mit einem Flächeninhalte von zusammen 20 Tagwerk und einem Gesammtwerth von 10,000 M. verpfändet sind und von dem einen Grundstück a zu 60 Dezimalen im Werthe von 300 M. eine Fläche von 50 Dezimalen im Werthe von 250 M. veräußert wird, so kann diese Veräußerung für unschädlich erklärt werden, weil die 50 Dezimalen im Werthe von 250 M. zwar nicht im Verhältniß zu den restigen 10 Dezimalen des Grundstücks a und dem Werth desselben zu 50 M., wohl aber im Verhältniß zum Umfang des Restgrundstücks a und der übrigen Grundstücke b, c, d und e mit zusammen 19 Tagwerk 50 Dezimalen und zu deren Gesammtwerth von 9750 M. gering sind.

Hiebei ist es gleichgiltig, ob die sämmtlichen Grundstücke, auf welche sich die Belastung erstreckt, zusammen auf einem Grundbuchblatt im Grundbuch vorgetragen sind, was nach § 4 und 86 Gr.B.O. zulässig ist, oder auf verschiedenen Grundbuchblättern, in welch' letzterem Falle die Hypothek als Gesammthypothek (§ 1132 B.G.B.) wirksam wird. Vergl. hiezu auch Artikel 5 und 6 des Gesetzes, betr. die Vorbereitung der Anlegung des Grundbuchs in den Landestheilen rechts des Rheins, vom 18. Juni 1898*), nach welch letzterer Bestimmung insbesondere zur Theilung eines mit einer Hypothek belasteten Grundstücks oder für die Trennung von Grundstücken, welche auf Einem Blatt des Hypothekenbuchs vorgetragen sind, die Einwilligung des Gläubigers nicht erforderlich ist und die Hypothek auf den einzelnen Grundstücken und den Theilen derselben als Gesammthypothek fortbesteht.

6. Ein öffentlicher Zweck ist z. B. gegeben bei Anlage, Verlegung oder Erweiterung einer Straße, eines öffentlichen Weges, eines Trottoirs, einer Bewässerungs- oder Entwässerungseinrichtung, einer Eisenbahn oder eines industriellen Geleises u. A., wobei jedoch zu beachten ist, daß die Anlage dem öffentlichen Zwecke dienen muß, nicht etwa ausschließlich einem Privatzwecke. Wenn ein Grundbesitzer zur Verlegung einer Straße einen Grundstreifen unentgeltlich abtritt, so ist hier der Zweck d. i. die Bestimmung der Abtretung, wenn sie vielleicht auch aus dem Motive geschieht, weil hiedurch der übrige Besitz des Abtretenden eine bessere Zufahrt oder bequemere Verbindung erhält, in der Regel doch die in öffentlichem Interesse gelegene Verlegung der Straße. Ebenso ist bei Anlage einer städtischen Straße die Herstellung eines Trottoirs, zu welchem die Hausbesitzer kleine Grundstreifen unentgeltlich abtreten, in öffentlichem Interesse und geschieht die Abtretung daher zum öffentlichen Zwecke, wenn die Hausbesitzer für sich auch nur eine Verschönerung ihrer Häuser und einen bequemeren Ein- und Ausgang bezwecken. Dagegen würde die Abtretung einer Parzelle, um auf ihr eine Schutzvorrichtung gegen Belästigung oder Gefährdung durch ein angrenzendes Fabrik- oder ähnliches Etablissement oder eine Eisenbahn (Abschluß des Hausgartens durch einen Zaun) zu errichten, insoferne hiebei ausschließlich dieses Privatinteresse und nicht wenigstens theilweise auch ein öffentliches Sicherheitsinteresse (letzteres z. B. bei einer Hecke entlang des Bahnkörpers behufs Abhaltung des Weideviehes) in Frage kommt, nicht dem öffentlichen Zwecke dienen.

7. Nur bei unentgeltlicher, nicht auch bei entgeltlicher Abtretung, mag die Entgeltung in Geld oder in anderen Vermögensvortheilen bestehen, ist die Bestimmung des Abs. 2 anwendbar. Wenn Jemand von einer Sandgrube einen kleinen Theil von unbedeutendem Werthe zur Anlage einer vorbeizuführenden Straße abtritt und sich hiegegen als Entschädigung für Entgang am Sanderträgniß von der Gemeinde, welche die Straße anlegt, den Bezug einer bestimmten Quantität Sand aus einer anderen Sandgrube zusichern läßt, ist keine unentgeltliche Abtretung in Frage und greift daher die Bestimmung des Abs. 2 nicht Platz.

---

*) Siehe Seite 44 Fußnote.

8. Bei einer unentgeltlichen Abtretung zu einem öffentlichen Zwecke ist bei Prüfung der Frage, ob eine verhältnißmäßig geringe Werthminderung vorliegt, auf die Werthminderung, die durch die Abtrennung der Theilfläche eintritt, die Wertherhöhung anzurechnen, welche dem Restgrundstücke aus der öffentlichen Anlage zugeht; es ist hienach schon bei Berechnung der Werthminderung nicht allein zu fragen, was vom Grundstück an Werth abgeht, sondern auch, was an Werth durch die öffentliche Anlage wieder zugeht, und wenn dann die nach Zurechnung dieser Wertherhöhung noch verbleibende Differenz gegenüber dem Werthe des Grundstücks verhältnißmäßig gering ist, kann das Unschädlichkeitszeugniß ertheilt werden. Diese Bestimmung des Abs. 2 enthält also eine Sondervorschrift zu der allgemeinen Bestimmung des Abs. 1 und will die unentgeltliche Abtretung verhältnißmäßig kleiner Trennstücke zu öffentlichen Zwecken erleichtern. Wenn z. B. durch Abtrennung einer verhältnißmäßig kleinen Parzelle mit Rücksicht auf deren Lage oder Kulturart eine Werthminderung von 1000 M. bewirkt wird, während das ganze Grundstück 5000 M. werth ist, so würde es sich um eine bedeutende Werthminderung handeln, bei der an sich das Unschädlichkeitszeugniß nicht ertheilt werden könnte. Hat nun aber die öffentliche Anlage z. B. Straße oder Entwässerung, zu welcher das Trennstück unentgeltlich abgetreten wird, für das Restgrundstück einen Werth von 500 M., so handelt es sich nicht mehr um eine Werthminderung von 1000 M., sondern nur um eine solche von 500 M. gegenüber 5000 M. Werth des ganzen Grundstücks, also um eine verhältnißmäßig geringe Werthminderung (I 133. Bayr. Not.Ztg. 1898 S. 96, 97). Da aber diese Wertherhöhung selbstverständlich nur einmal angerechnet werden kann, kommt sie bei der Frage der Ausgleichung nicht mehr in Betracht; es ist daher in unserem Beispiel die Werthminderung zu 500 M. auszugleichen. Würde dagegen die dem Restgrundstücke durch die öffentliche Anlage erwachsende Wertherhöhung 1000 M. betragen, also die Werthminderung vollständig decken, wäre eine letztere überhaupt nicht mehr gegeben und würde es dann auch keiner Ausgleichung bedürfen. In der Regel wird der Rest des Grundstücks dadurch, daß das Trennstück zu einer öffentlichen Anlage gezogen wird, an Werth zunehmen und nicht selten so im Werthe steigen, daß diese Werthsteigerung (Wertherhöhung) mehr beträgt als der Werth des Trennstücks (Werthminderung) ist, sodaß dann eine Ausgleichung gar nicht erforderlich ist; nur insoweit die Werthminderung in Folge Abtretung des Trennstücks durch die Wertherhöhung nicht gedeckt wird, hat auch in diesem Falle eine Ausgleichung stattzufinden.

9. Die Ausnahmebestimmung des Abs. 3 enthält nur eine Dispensation von der zweiten allgemeinen Voraussetzung des Abs. 1, nämlich von dem Erforderniß der Ausgleichung der Werthminderung, nicht aber auch von der ersten Voraussetzung, daß die Minderung des Trennstücks nach Umfang und Werth verhältnißmäßig gering sein muß mit Bezug auf Umfang und Werth des Restgrundstücks, und darf daher nicht so aufgefaßt werden, daß, wenn nur eine Werthminderung von nicht über 50 M. in Frage steht, schon deshalb allein ohne Rücksicht darauf, ob diese Werthminderung im Verhältniß zum Werth des übrig bleibenden Grundstücks gering erscheint oder nicht, von einer Aus-

Ausgleichung abgesehen werden kann. Siehe hierüber auch Einleitung S. 17.

10. Wenn der Ausnahmefall des Abs. 3 gegeben ist, also alle Voraussetzungen und Bedingungen, nämlich

1. geringer Umfang des Trennstücks im Verhältniß zum Umfang des Restgrundstücks,
2. geringer Werth des Trennstücks im Verhältniß zum Werth des Restgrundstücks und zwar
3. nicht über 50 Mark Werthminderung,

zutreffen und

4. der Richter von der Unschädlichkeit dieser Werthminderung für die Berechtigten überzeugt ist,

bedarf die Frage, ob noch eine Ausgleichung erforderlich ist, keiner Würdigung mehr, sondern es muß dann das Unschädlichkeitszeugniß ohne Ausgleichung ertheilt werden. Es ist die Ausgleichung nicht erforderlich, d. h. der Eigenthümer hat Anspruch auf Ertheilung des Unschädlichkeitszeugnisses ohne Ausgleichung der Werthminderung. (B. 47.)

Artikel 3.

Art und Weise der Ausgleichung.

Soweit die Ausgleichung der Werthminderung in Geld erfolgt, muß der erforderliche Betrag zur Vertheilung unter die Berechtigten bei der Hinterlegungsstelle [1]) des Gerichtsbezirkes hinterlegt werden. Die Hinterlegung hat mit der Bestimmung zu geschehen, daß zur Rücknahme [2]) die Ermächtigung des Amtsgerichts erforderlich ist.

Soweit die Ausgleichung durch ein anderes Grundstück erfolgt, müssen die Rechte der Berechtigten auf dieses erstreckt werden. [3])

Im Falle der unentgeltlichen Abtretung zu einem öffentlichen Zwecke muß mit der Ausführung der den Werth des Grundstücks erhöhenden Anlage begonnen sein. [4])

E. 193. 194. M. 198. I 508 ff. 534. II 140. B. 47 B. Abg. 622 ff. 1113. Pr. R.R. 678. Becher 63. 64. 157 ff. 232 d.

1. Für das rechtsrheinische Bayern vergl. für die Uebergangszeit A.B., die Behandlung des Depositenwesens bei den Gerichten in den rechtsrheinischen Landestheilen betr., vom 8. Septbr. 1879, J.M.Bl. S. 661, dann die M.B. v. 20. Dezbr. 1882, die Uebertragung der Besorgung des Depositenwesens bei dem kgl. Amtsgericht München I Abt. A f. C.S. an die k. Bank betr., G.=V.Bl. 601, J.M.Bl. S. 311, F.M.Bktm. vom 21. Dezbr. 1882, die Erhebung der Depositalgebühren und die Besorgung des gerichtlichen Depositenwesens durch die k. Bank betr., J.M.Bl. 321, M.Bktm. v. 1. Dezbr. 1897, die Uebertragung der Besorgung des Depositenwesens bei dem k. Amtsgerichte München I Abs. B f. C.S. an die k. Bank betr. (G.=V.Bl. S. 372, J.M.Bl. S. 262)

u. M. Bktm. vom 10. Dezbr. 1898, die Uebertragung der Besorgung des Depositenwesens bei dem kgl. Amtsgerichte München II an die k. Bank (G.-V.Bl. S. 611 u. J.M.Bl. S. 669.) Bktm. v. 6. Januar 1899, das Depositenwesen bei den Gerichten in Würzburg betr. J.M.Bl. 1899 S. 1.

Für die Pfalz vergl. A.B. vom 17. Oktober 1888, das gerichtliche Hinterlegungswesen in der Pfalz betr., J.M.Bl. S. 219 mit M. Bktm. vom 24. Oktober 1888 J.M.Bl. 227, vom 20. November 1888 J.M.Bl. S. 245 und vom 1. September 1890 J.M.Bl. S. 273.

Für künftig vergl. Artikel 34 XX u. XXI des Entw. eines Ges., die durch die Einführung d. B.G.B. veranlaßten Aenderungen der seit 1818 erlassenen Gesetze betr.

2. In § 376 B.G.B. ist als Regel aufgestellt, daß der Hinterlegende das hinterlegte Geld zurücknehmen kann, solange nicht einer der im Gesetze vorgesehenen Umstände eingetreten ist. Von dieser Regel bildet die Bestimmung des gegenwärtigen Artikel 3 Abs. 1 eine Ausnahme, weil es sich darum handelt, daß der Hinterlegende gehindert werden muß, nach seinem Belieben das hinterlegte Geld wieder zurückzunehmen. Er muß das Geld bei der Hinterlegungsstelle lassen, bis feststeht, ob ein Vertheilungsverfahren stattfindet oder nicht. Kommt es zum Vertheilungsverfahren, dann bekommt er das Geld überhaupt nicht mehr; kommt es nicht dazu, dann ist der Eigenthümer nach Artikel 11 Abs. 2 zur Erhebung des hinterlegten Geldes zu ermächtigen.

3. Die Erstreckung kann, insoweit keine Verwirrung zu besorgen ist und sie sich auf die Rechte aller Berechtigten bezieht, also nicht einzelne Berechtigte auf Ausgleichung gemäß Artikel 6 und 7 verzichten, auf Antrag des Eigenthümers durch Zuschreibung des Ersatzgrundstücks beim Stamm-Grundstücke im Grundbuche erfolgen, wodurch ersteres Bestandtheil des letzteren wird, ohne seine Eigenschaft als eigenes Grundstück zu verlieren (s. § 890, 1131 B.G.B. u. § 5 Gr.B.O.*). Anderen Falles oder überhaupt, wenn der Eigenthümer die Zuschreibung des Ersatzgrundstückes beim Stammgrundstücke aus sonstigen Gründen nicht beantragt, ist für das Ersatzgrundstück ein eigenes Grundbuchblatt anzulegen und sind die Rechte der Berechtigten in ihrer bisherigen Rangordnung und, wenn das Ersatzgrundstück bereits mit älteren Rechten belastet ist, auch diese im Vorrange vor den Rechten der Berechtigten einzutragen, welch' letztere dann als Gesammthypotheken wirken. (§ 1132

---

*) B.G.B. § 890.

Mehrere Grundstücke können dadurch zu einem Grundstücke vereinigt werden, daß der Eigenthümer sie als ein Grundstück in das Grundbuch eintragen läßt.

Ein Grundstück kann dadurch zum Bestandtheil eines anderen Grundstücks gemacht werden, daß der Eigenthümer es diesem im Grundbuche zuschreiben läßt.

*) B.G.B. § 1131.

Wird ein Grundstück nach § 890 Absatz 2 einem anderen Grundstück im Grundbuche zugeschrieben, so erstrecken sich die an diesem Grundstücke bestehenden Hypotheken auf das zugeschriebene Grundstück. Rechte, mit denen das zugeschriebene Grundstück belastet ist, gehen diesen Hypotheken im Range vor.

*) Gr.B.O. § 5.

Ein Grundstück soll nur dann einem anderen Grundstück als Bestandtheil zugeschrieben oder mit ihm vereinigt werden, wenn hiervon Verwirrung nicht zu besorgen ist.

B.G.B.O., § 6 Gr.B.O. Art. 5—8 des Bayer. Ges., betr. die Vorbereitung der Anlegung des Grundbuchs in den Landestheilen r. d. Rh. vom 18. Juni 1898).**)

Ist das zur Ausgleichung bestimmte Grundstück (Ersatzgrundstück) bereits mit älteren Rechten belastet, kann für die Ausgleichung und die Frage der Unschädlichkeit nur der nach Abrechnung dieser älteren Rechte verbleibende Mehrwerth in Betracht kommen und richtet sich das Rangverhältnis nach der Priorität der bisherigen und neu einzutragenden Rechte. S. Artikel 4 Abs. 2 Ziff. 3 und Artikel 5 Abs. 2.

4. Die Bescheinigung hierüber kann durch eine Bestätigung derjenigen Behörde, welche die Anlage ausführt oder deren Ausführung überwacht, geliefert werden und verhütet, daß das Unschädlichkeitszeugniß etwa zu einem Zwecke ertheilt wird, welcher hinterher nicht erfüllt wird, soll also jeden Mißbrauch mit dem Zeugniß und eine

---

**) B.G.B. § 1132.

Besteht für die Forderung eine Hypothek an mehreren Grundstücken (Gesammthypothek), so haftet jedes Grundstück für die ganze Forderung. Der Gläubiger kann die Befriedigung nach seinem Belieben aus jedem der Grundstücke ganz oder zu einem Theile suchen.

Der Gläubiger ist berechtigt, den Betrag der Forderung auf die einzelnen Grundstücke in der Weise zu vertheilen, daß jedes Grundstück nur für den zugetheilten Betrag haftet. Auf die Vertheilung finden die Vorschriften der §§ 875, 876, 878 entsprechende Anwendung.

**) Gr.B.O. § 6.

Soll ein Grundstückstheil mit einem Recht belastet werden, so ist er von dem Grundstück abzuschreiben und als selbständiges Grundstück einzutragen. Ist das Recht eine Dienstbarkeit oder eine Reallast, so kann die Abschreibung unterbleiben, wenn hiervon Verwirrung nicht zu besorgen ist.

**) Gesetz, betr. die Vorbereitung der Anlegung des Grundbuchs in den Landestheilen rechts des Rheins, vom 18. Juni 1898.

Artikel 5.

Besteht für dieselbe Forderung eine Hypothek an mehreren Grundstücken (Gesammthypothek), so kann der Gläubiger die Befriedigung nach seinem Belieben aus jedem Grundstücke ganz oder zu einem Theile suchen. Im Falle der Zwangsversteigerung kann der Gläubiger im Vertheilungsverfahren dieses Recht nur unbeschadet der durch das geringste Gebot gedeckten Rechte ausüben.

Der Gläubiger ist berechtigt, den Betrag der Forderung auf die einzelnen Grundstücke in der Weise zu vertheilen, daß jedes Grundstück nur für den zugetheilten Betrag haftet.

Artikel 6.

Zur Theilung eines mit einer Hypothek belasteten Grundstückes ist die Einwilligung des Gläubigers nicht erforderlich. Das Gleiche gilt für die Trennung von Grundstücken, welche auf einem Folium des Hypothekenbuchs vorgetragen sind.

Die Hypothek besteht als Gesammthypothek fort.

Eine Vereinbarung, durch welche der Eigenthümer zu Gunsten des Hypothekgläubigers in der Befugniß zur Vornahme einer der im Abs. 1 bezeichneten Verfügungen beschränkt oder verpflichtet wird, die Verfügung nicht ohne Einwilligung des Gläubigers vorzunehmen, ist nichtig.

Artikel 7.

Die Vorschriften des Art. 5 und 6 gelten auch für die vor dem Inkrafttreten dieses Gesetzes eingetragenen Hypotheken, für die vor diesem Zeitpunkt erfolgten Theilungen und Trennungen von Grundstücken, sowie für die vor diesem Zeitpunkte getroffenen Vereinbarungen der im Artikel 6 Abs. 3 bezeichneten Art.

Artikel 8.

Auf ein Realrecht, das Gegenstand einer Hypothek sein kann, finden die Vorschriften der Artikel 5 bis 7 entsprechende Anwendung.

Täuschung des Richters über die Grundabtretung ausschließen. Siehe hiezu auch Artikel 4 Abs. 2 und Artikel 5 Abs. 3.

Artikel 4.

Verfahren, wenn Ausgleichung erfolgen soll.

Zu dem Antrag[1]) auf Feststellung der Unschädlichkeit ist der Eigenthümer[2]) des Grundstücks berechtigt.

Der Antragsteller hat

1. das Grundstück[3]) zu bezeichnen[3]) und einen von der Messungsbehörde angefertigten Plan, in welchem das Trennstück ersichtlich gemacht ist, sowie den amtlichen Nachweis der Größe des Grundstücks und des Trennstücks vorzulegen;[4])
2. den Betrag der durch die Veräußerung des Trennstücks entstehenden Werthminderung unter Vorlage der vorhandenen Belege anzugeben;[5])
3. zu erklären, in welcher Weise die Werthminderung, soweit erforderlich, ausgeglichen werden soll[6]), und im Falle der Ausgleichung durch ein anderes Grundstück dieses zu bezeichnen[7]) und dessen Belastung anzugeben.[8])

Im Falle des Artikel 2 Abs. 2 ist die auf die Werthminderung anzurechnende Wertherhöhung[9]) unter Vorlage der vorhandenen Belege[10]) anzugeben und glaubhaft zu machen, daß mit der Ausführung der Anlage begonnen ist.[11])

I 510 ff. 534. II 140. B. 47. B.Abg. 624. Pr. R.R. 678. B. R.R. 467 ff Becher 32 ff. 67. 159. 200. 232d. 236.

1. Die Ertheilung des Unschädlichkeitszeugnisses erfolgt niemals von Amtswegen, sondern nur auf Antrag des allein hiezu berechtigten Eigenthümers. Liegt aber ein Antrag vor, so ist die Behandlung und Erledigung desselben Sache des Offizialbetriebs; vergl. § 12 R.G. über die Angelegenheiten der freiwilligen Gerichtsbarkeit vom 17. Mai 1898.

Der Antrag kann schriftlich oder zu Protokoll des Gerichtsschreibers gestellt sein; besonderer Form- oder Anwaltszwang besteht nicht. (Bayer. Not.Ztg. 1898 S. 100.)

2. Zu dem Antrage ist nur der Eigenthümer desjenigen Grundstücks, von dem die Theilfläche wegveräußert wird, d. i. also des Stammgrundstücks, nicht der Eigenthümer des Trennstücks berechtigt, wenn auch letzteres auf Grund Artikel 6 des Ges. vom 18. Juni 1898, die Vorbereitung der Anlegung des Grundbuchs in den Landestheilen r. d. Rh. betr., oder künftig nach Anlegung des Grundbuchs auf Grund § 1132 B.G.B. im Grundbuch auf den neuen Erwerber umgeschrieben, dieser daher Eigenthümer des Trennstücks geworden ist. Dagegen ist für Veräußerungen vor Inkrafttreten gegenwärtigen Gesetzes mit Rücksicht auf dessen rückwirkende Kraft (Artikel 16) neben dem Eigenthümer des Stammgrundstücks auch der Eigenthümer des bereits früher abgetrennten Grundstücks oder Grundstücktheiles zu dem Antrage berechtigt. (Pr. R.R. S. 679. Becher III 232 d.)

Zum Nachweis des Eigenthums genügt künftig Bezugnahme auf das Grundbuch oder Vorlage eines Auszugs aus dem Grundbuchblatte, in der Uebergangszeit bis zur Anlage des Grundbuchs Vorlage der Erwerbsurkunde und eines evident gestellten Grundsteuerkataster-Auszugs. S. auch Einl. S. 13.

3. Die Bezeichnung des Grundstücks hat nach Steuergemeinde, Plan-Nummer, Kulturart und Flächenmaß zu geschehen, wie es im Grundbuch und Grundsteuerkataster vorgetragen ist, und erfolgt am einfachsten durch Vorlage der Erwerbsurkunde oder des Grundsteuerkatasterauszuges, künftig eines Auszugs aus dem Grundbuchblatte; vergl. § 28 Gr.B.O.

4. Der amtliche Nachweis über Größe des Grundstücks ist durch Vorlage eines evident gestellten Grundsteuerkatasterauszugs oder eines rentamtlichen Besitzzeugnisses oder des ohnehin erforderlichen Messungsoperates, wenn in diesem die Uebereinstimmung der Fläche mit dem katastermäßigen Beschrieb, wie schon bisher vorgeschrieben, bestätigt ist, zu erbringen, nicht dagegen durch Vorlage eines Auszugs aus dem Grundbuchblatte oder Bezugnahme auf das Grundbuch. Denn wenn auch diejenigen Grundstücke, welche bisher folienfrei auf Grund Artikel 1 des Ges., die Vorbereitung der Anlegung des Grundbuchs in den Landestheilen r. d. Rh. betr., vom 18. Juni 1898 von Amtswegen in das das künftige Grundbuch bildende Hypothekenbuch eingetragen werden, in Folge dessen künftig übereinstimmend mit dem Vortrage des Grundsteuerkatasters, auf Grund dessen sie in das Hypothekenbuch eingetragen werden, im Grundbuch vorgetragen sein werden, trifft dieses doch nicht bei der die weitaus größere Mehrzahl bildenden Grundstücken unbedingt zu, welche bisher schon im Hypothekenbuche folirt sind. Da aber das Grundbuch nur die Bestimmung hat, die Eigenthumsverhältnisse an allen einzelnen Grundstücken (ausgenommen § 90, 91 Gr.B.O. und Artikel 2 des Ges. die Vorbereitung der Anlegung des Grundbuchs in den Landestheilen r. d. Rh. betr. vom 18. Juni 1898 und A.B. vom 1. Juli 1898, die vom Buchungszwange befreiten Grundstücke betr.) sowie die dinglichen Belastungen (Hypotheken, Grundschulden, Rentenschulden, Dienstbarkeiten und sonstige dingliche Rechte) nachzuweisen, genießen die Einträge im Grundbuch nur in diesen Beziehungen, nicht auch bezüglich des Titels des Grundbuchblattes d. i. bezüglich der Identität, Grenzen und Flächeninhalt der Grundstücke öffentlichen Glauben; (vergl. § 891, 892 B.G.B. Staudinger Vorbem. II und III zu § 783 und Note 2b zu § 891. Bezüglich Einrichtung der Hypothekenbücher vergl. Just.-M.-Bektm., die Hypothekenbuchbezirke und die Einrichtung der Hypothekenbücher betr., vom 12. 11. 98, J.M.Bl. 650.)

Dagegen kann der rentamtliche Grundsteuerkatasterauszug oder das Besitzzeugniß noch nicht das Trennstück enthalten, weil die Veräußerung des letzteren im Grundsteuerkataster erst auf Mittheilung des Grundbuchamtes oder Notars über die erfolgte Auflassung umgeschrieben werden darf. Der amtliche Nachweis über Größe des Trennstücks kann daher nur durch das revisorisch geprüfte und genehmigte Messungsoperat erbracht werden, weßhalb die Vermessung bereits von der Messungsbehörde vorgenommen und deren Ergebniß definitiv festgestellt sein muß und die Vorlage einer von der Messungsbehörde angefertigten Planskizze, auf Grund deren erst später die Vermessung vorgenommen würde, nicht genügt.

5. Der Betrag der Werthminderung wird sich bei entgeltlichen Veräußerungen in der Regel mit dem Betrage des Kaufpreises decken, bei anderen Veräußerungen wird der durchschnittliche Einheitspreis für das in Frage kommende Grundstück mit Berücksichtigung seiner Lage, seiner Bestimmung, des üblichen Verkaufswerthes, der Kulturart, des Ertragswerthes, sowie etwa besonderer Umstände anzugeben und hienach auf die Fläche des Trennstücks auszurechnen sein.

Belege hierüber sind nur, insoweit sie vorhanden sind, vorzulegen und kommen als solche der obligatorische Vertrag oder ein von den Vertragstheilen hierüber aufgenommener Vorvertrag, eine gemeindliche Bestätigung über den ortsüblichen Verkehrswerth oder Preis und ähnliche formlose Nachweise z. B. eine Bestätigung des Käufers über den Betrag des von ihm für das Trennstück angebotenen Preises in Betracht. (Bezüglich Festsetzung des Ertragswerthes vergl. auch Artikel 91 des Entwurfes eines Ausführungsgesetzes z. bürgerl. Gesetzbuch.)

6. Eine Ausgleichung der Werthminderung ist von Vornherein nicht erforderlich nur im Ausnahmefall des Artikel 2 Abs. 3, wenn die Werthminderung den Betrag von 50 Mark nicht übersteigt, in welchem Falle daher obige Bestimmung in Ziff. 3 wegfällt.

Wenn die Werthminderung den Betrag von 50 Mark übersteigt, muß der Antrag immer eine Erklärung, in welcher Weise die Werthminderung ausgeglichen werden soll, oder die Bemerkung, daß sich die Erklärung hierüber für den Fall, daß einer der Berechtigten die Ausgleichung verlangt, vorbehalten wird (s. Artikel 7), enthalten.

Bei Ausgleichung durch Baarzahlung hat die Erklärung zu lauten, daß der Geldbetrag auf Anordnung des Amtsgerichts zur Vertheilung unter die Berechtigten bei der Hinterlegungsstelle des Gerichts hinterlegt werden wird. Eine vorherige Hinterlegung ist nicht nothwendig, weil erst das Unschädlichkeitszeugniß die Höhe der Werthminderung festsetzt und nach ihr bestimmt, welcher Betrag zu hinterlegen ist; doch kann zur Vereinfachung und Abkürzung des Verfahrens der Betrag auch vor oder mit dem Antrage vorbehaltlich der Festsetzung des Betrags durch das Unschädlichkeitszeugniß schon hinterlegt werden, in welchem Falle Bestätigung der Hinterlegungsstelle (Depositalquittung) mit vorzulegen ist.

7. Bei Ausgleichung durch ein anderes Grundstück oder mehrere andere Grundstücke sind diese in gleicher Weise zu bezeichnen wie das Stammgrundstück, s. Note 3, doch ist ein Plan oder der amtliche Nachweis der Größe des Ersatzgrundstücks nicht geboten, wenn auch die Vorlage solcher weiteren Belege besonders für die Prüfung der

Werthausgleichung, z. B. für Vergleichung der Lage des Ersatzgrundstücks zum Stammgrundstück, häufig sehr vortheilhaft sein wird.

8. Die Angabe der Belastung des Ersatzgrundstücks ist wegen der in Artikel 3 Abs. 2 vorgeschriebenen Erstreckung der Rechte der Berechtigten geboten; s. Note 3 zu Artikel 3.

Unter Belastung sind auch hier nur Hypotheken, Renten- und Grundschulden und Reallasten zu verstehen, während Grunddienstbarkeiten im Gesetz überhaupt nicht berücksichtigt werden.

9. Der Antragsteller hat anzugeben, worin die Wertherhöhung gegenüber der Werthminderung besteht, nach welchen Richtungen hin seinem Grundstück eine Wertherhöhung zugeht; eine Begründung oder Glaubhaftmachung etwa durch ein Sachverständigengutachten ist nicht erforderlich und kann, wenn das Gericht ein solches Gutachten für nothwendig hält, was nur selten der Fall sein wird, die Erholung desselben dem gerichtlichen Ermittelungsverfahren (s. Artikel 5 Abs. 1) vorbehalten bleiben.

10. Auch hier sind Belege über die auf die Werthminderung anzurechnende Wertherhöhung nur, soweit sie vorhanden sind, vorzulegen.

11. Vergl. Art. 3 Abs. 3 und Note 4 hiezu.

Artikel 5. **Beschluß.**

Das Amtsgericht hat nach Vornahme der erforderlichen Ermittelungen[1]) über den Antrag Beschluß zu fassen.[2])

Der Beschluß, durch welchen die Unschädlichkeit festgestellt wird (Unschädlichkeitszeugniß,[3]) hat, soweit die Ausgleichung[4]) der Werthminderung in Geld erfolgen soll, die Angabe des zu hinterlegenden Betrags, soweit sie durch ein Grundstück erfolgen soll, die Bezeichnung des Grundstücks und die Angabe der Belastungen[5]) zu enthalten, welche den auf das Grundstück zu erstreckenden Rechten im Range vorgehen dürfen. Die Angabe von Grunddienstbarkeiten, die nach Artikel 187 des Einführungsgesetzes zum Bürgerlichen Gesetzbuche[6]) der Eintragung nicht bedürfen, ist nicht erforderlich.

Im Falle des Artikel 3 Abs. 3 ist anzugeben, daß mit der Ausführung der Anlage begonnen ist.[7])

E. 194. M. 199. I 513. 535. II 137. 140. B. 49 ff. B. Abg. 625 ff. Becher 73. 167. 202.

1. Während im vorigen Artikel festgestellt ist, von wem und wie der Antrag gestellt und begründet werden muß behufs Erlangung des Unschädlichkeitszeugnisses, bestimmt Artikel 5, was das Gericht auf den Antrag zu thun hat.

Wenn der Antrag von dem Eigenthümer schon so belegt ist, daß es nach Ueberzeugung des Richters der Vernehmung von Sachverständigen, einer Werthsermittelung oder sonstiger Erhebungen nicht bedarf, hat das Gericht über den Antrag sofort Beschluß zu fassen. Andern Falles aber, wenn das Gericht z. B. in Bezug auf den Betrag der Werthminderung oder den Werth des zur Ausgleichung bestimmten Grundstücks oder bezüglich der durch die öffentliche Anlage zu erwartenden Wertherhöhung, Zweifel hat, wird es Erhebungen bei der Gemeindebehörde pflegen, Sachverständige einvernehmen, eine Schätzung erholen oder sonst erforderliche Ermittelungen vornehmen; s. auch Art. 78 des Entwurfs eines Ausf.G. z. B.G.B. bezüglich amtlicher Ermittelung des Werthes von Grundstücken. Auch die Vornahme eines Augenscheines ist denkbar, wenn gleich bei einer Abtrennung einer Parzelle von nur relativ geringem Umfang und Werth ein gerichtlicher Augenschein wohl nur in den seltensten Fällen geboten sein wird. Selbstverständlich ist das Gericht auch berechtigt, den Antragsteller zur Ergänzung seines Antrags in dem einen oder anderen Punkte sowie zur Beibringung mangelnder Belege, soweit solche vom Antragsteller zu erbringen sind, zu veranlassen. Dagegen können und dürfen sich die Ermittelungen nicht auf Beibringung der Zustimmung des oder der Berechtigten, wenn diese Beibringung unter Umständen auch noch so einfach wäre, erstrecken, weil bei vorliegender Einwilligung der Berechtigten nach Artikel 1 des Gesetzes solches überhaupt nicht Anwendung findet. Die Ermittelungen haben sich vielmehr nur auf die in Artikel 4 für den Antrag vorgeschriebenen Punkte und das Vorhandensein der gesetzlichen Voraussetzungen zur Ertheilung des Unschädlichkeitszeugnisses zu beschränken. Ist die Sache so einfach gelagert, daß die Einwilligung der Berechtigten oder des vielleicht einzig vorhandenen Berechtigten ohne Umstände zu erlangen ist, wird der Eigenthümer im eigenen Interesse diesen einfacheren, kürzeren und billigeren Weg einschlagen.

2. Der Beschluß — im Gegensatz zu den Vorerhebungen oder der Verfügung auf Ergänzung des Antrags kann zweifach lauten.

a) Auf Abweisung des Antrags, wenn die gesetzlichen Vorbedingungen zur Erlassung eines Unschädlichkeitszeugnisses überhaupt nicht vorliegen oder trotz deren Vorhandenseins das Gericht die Veräußerung für die Berechtigten oder auch nur einen derselben für schädlich hält.

Ersteren Falles wird die Abweisung des Antrags, wenn der Mangel nicht im Wege der Ergänzung des Antrags gehoben werden kann oder trotz Aufforderung zur Ergänzung nicht gehoben wird, regelmäßig sofort und ohne Vornahme weiterer Ermittelungen erfolgen; denn wenn das Gericht von vorneherein von der Unbegründetheit des Antrags, weil es vielleicht die verhältnißmäßige Minderung des Umfangs oder Werthes des Trennstückes für bedeutend und nicht gering hält, überzeugt ist, braucht es hierüber ebensowenig wie über andere Punkte, auf die sich das Gericht gar nicht mehr einläßt, erst Ermittelungen zu pflegen, solche Ermittelungen sind dann nicht erforderlich.

Letzteren Falles jedoch kann sich das Gericht der Vornahme von Ermittelungen und zwar um so eingehenderer Erhebungen, je größer oder vielfacher die Bedenken gegen die Begründetheit des Antrags sind, nicht entziehen und darf eine Abweisung erst aussprechen, wenn trotz dieser Ermittelungen oder vielleicht gerade auf Grund derselben das Gericht zu der Ueberzeugung gelangt, daß die Veräußerung den Berechtigten schädlich sei.

b) Oder es lautet der Beschluß auf Feststellung der Unschädlichkeit, für welchen Fall das Gesetz dem Beschlusse den Namen „Unschädlichkeitszeugniß" beilegt d. i. der Beschluß, durch welchen das Gericht dem Antrage des Eigenthümers auf Unschädlichkeitserklärung der Veräußerung stattgibt.

3. Ueber die Erlassung des Unschädlichkeitszeugnisses und dessen Wirkung siehe Einleitung S. 18.

4. Der Artikel 5 hat zur Voraussetzung, daß eine Ausgleichung sei es in Geld, sei es durch ein anderes Grundstück vom Antragsteller angeboten wird. Darüber, daß der Antragsteller sich die Erklärung über Ausgleichung der Werthminderung vorbehalten kann, bis eine solche von einem Berechtigten verlangt wird, siehe Artikel 7.

5. Vergl. Note 7 zu Artikel 4.

6. Artikel 187 E.G. z. B.G.B.:

„Eine Grunddienstbarkeit, die zu der Zeit besteht, zu welcher das Grundbuch als angelegt anzusehen ist, bedarf zur Erhaltung der Wirksamkeit gegenüber dem öffentlichen Glauben des Grundbuchs nicht der Eintragung. Die Eintragung hat jedoch zu erfolgen, wenn sie von dem Berechtigten oder von dem Eigenthümer des belasteten Grundstücks verlangt wird; die Kosten sind von demjenigen zu tragen und vorzuschießen, welcher die Eintragung verlangt.

„Durch Landesgesetz kann bestimmt werden, daß die bestehenden Grunddienstbarkeiten oder einzelne Arten zur Erhaltung der Wirksamkeit gegenüber dem öffentlichen Glauben des Grundbuchs bei der Anlegung des Grundbuchs oder später in das Grundbuch eingetragen werden müssen. Die Bestimmung kann auf einzelne Grundbuchbezirke beschränkt werden."

Bezüglich der künftig neu zu bestellenden Grunddienstbarkeiten vergl. § 1018—1029 B.G.B., § 6 G.B.O. u. Artikel 76 des Entwurfs eines Ausf.G. z. B.G.B.

7. Wenn es sich um eine öffentliche Anlage handelt, für welche das Trennstück verwendet werden soll, muß zur Erreichung dieses Zweckes im Zeugniß constatirt sein, daß mit der Ausführung der Anlage bereits begonnen ist; siehe Artikel 3 Abs. 3 und Note 4 hiezu.

Artikel 6.

Ausnahmen von der Nothwendigkeit der Ausgleichung.

Das Unschädlichkeitszeugniß kann[1]) außer dem Falle des Artikel 2 Abs. 3 ohne Ausgleichung der Werthminderung ertheilt werden, wenn die Berechtigten[2]) von dem Amtsgericht aufgefordert[3]) worden sind, innerhalb einer Frist von einem Monate zu erklären, ob sie auf der Ausgleichung bestehen, und nicht vor dem Ablauf der Frist erklärt haben,[4]) daß sie die Ausgleichung verlangen.[5])

Berechtigte,[2]) die nicht im Grundbuch eingetragen sind,[6]) werden nur berücksichtigt, wenn sie Erben eines eingetragenen Berechtigten sind[7]) oder wenn ihre Rechte angemeldet und auf Verlangen des Amtsgerichts glaubhaft gemacht sind.

E. 194. M. 199. I 515. 535. II 137 ff. B. 49 ff. B. Abg. 626. Becher 65 ff. 75. 130. 168. 202 ff.

1. Hier ist der Fall behandelt, in dem von der Ausgleichung überhaupt eine Ausnahme stattfinden darf, auch wenn der Fall des Artikel 2 Abs. 3 nicht gegeben ist.

Der Antragsteller muß zur Ausgleichung bereit sein d. h. solche anbieten für den Fall, daß die Berechtigten hierauf nicht verzichten.

Die Bestimmung dieses Artikels ist jedoch nicht so zu verstehen, als ob in allen Fällen, in denen die Berechtigten trotz Aufforderung eine Ausgleichung nicht verlangen, schon deßhalb allein von einer solchen abgesehen werden muß, sondern es kann nur von dem Verlangen der Ausgleichung abgesehen werden, wenn bei Vorhandensein der gesetzlichen Voraussetzungen (Unschädlichkeit der Abtrennung und geringe Minderung des Grundstücks nach Umfang und Werth) eine Ausgleichung weder von dem Richter für erforderlich erachtet noch von dem Berechtigten verlangt wird; m. a. W. es ist zunächst Sache des richterlichen Ermessens, ob die Abtrennung ohne Ausgleichung für die Berechtigten als unschädlich zu erachten ist oder nicht. Nur wenn der Richter von der Unschädlichkeit überzeugt ist, hat er auf Antrag des Eigenthümers die Aufforderung an die Berechtigten zu erlassen und dann, insoferne auf Grund dieser Aufforderung von keiner Seite auf Ausgleichung bestanden wird, die Unschädlichkeit ohne Ausgleichung auszusprechen. Die Berechtigten erfahren also durch die Aufforderung, daß die Frage der Unschädlichkeit durch den Richter bereits geprüft und bejaht ist, daß die Feststellung der Unschädlichkeit „bevorsteht" — s. Artikel 7 Abs. 2 —, und können sich nicht beschwert erachten, wenn, trotzdem auch sie selbst auf Aufforderung eine Ausgleichung nicht verlangt haben, die Unschädlichkeit ohne solche ausgesprochen wird.

Würde aber der Richter von vornherein die Veräußerung ohne Ausgleichung für die Berechtigten als schädlich erachten, dürfte er es nicht darauf ankommen lassen, ob dieselben vielleicht ein Verlangen auf Ausgleichung nicht stellen, und dann, weil ein solches Verlangen nicht gestellt worden ist, trotz seiner gegentheiligen Ueberzeugung die Abtretung als unschädlich erklären, sondern er hätte entweder den Antragsteller zur Ergänzung des Antrags bezüglich Anbietung einer Ausgleichung zu veranlassen oder, wenn dieser hiezu sich nicht bereit findet, den Antrag als unbegründet abzuweisen.

Hienach ergibt sich, daß, während die Frage der Minderung des Grundstücks nach Umfang und Werth nur der richterlichen Würdigung allein anheimgestellt ist, die Bejahung der zweiten Frage, ob von einer Ausgleichung abgesehen werden kann, von dem Ausnahmefall des Artikel 2 Abs. 3 abgerechnet außer der richterlichen Würdigung auch der Entscheidung der Berechtigten selbst unterstellt ist, nicht aber von letzterer allein abhängt.

2. S. Note 8 zu Artikel 1.

3. Die Aufforderung erfolgt nicht von Amtswegen, sondern nur auf Antrag des Eigenthümers (s. Artikel 7 Abs. 1); beantragt dieser die Aufforderung nicht, so ist im Unschädlichkeitszeugniß die Ausgleichung auf Grund Artikels 5 Abs. 2 anzuordnen. Wegen Offizialbetriebs s. § 12 des R.G. über die Angel. d. freiwilligen Gerichtsbarkeit vom 17. Mai 1898.

4. Die Erklärung ist bei dem Gerichte, welches die Aufforderung erlassen hat, nicht bei dem mit der Sache in diesem Stadium noch nicht befaßten Grundbuchamte, mündlich zu Protokoll oder schriftlich abzugeben.

5. Macht nur ein Theil der Berechtigten von dem Rechte auf Ausgleichung Gebrauch, so gebührt die ganze Ausgleichung diesen Berechtigten. Der Verzicht der im Range vorgehenden Berechtigten kommt den nachstehenden zu Statten, deren Aussicht auf Befriedigung aus dem Stammgrundstücke sich dadurch verringert, daß die vorgehenden Berechtigten aus diesem allein befriedigt werden müssen. (M. S. 199).

6. Der Abs. 2 bezieht sich sowohl auf Ansprüche, welche an den im Grundbuche eingetragenen Rechten bestehen, aber nicht eingetragen sind, z. B. Rechte der Pfandgläubiger, Cessionare, wenn die Verpfändung oder Uebertragung der eingetragenen Hypothek nicht eingetragen sind, wie auch auf Hypotheken, Grund- und Rentenschulden sowie Realrechte, welche außer den eingetragenen Rechten etwa bestehen, aber nicht eingetragen sind, was besonders bei der Briefhypothek künftig häufig der Fall sein wird. S. § 40 Abs. 2 u. § 42 Gr.B.O.

7. Soweit die Rechtsnachfolger eines eingetragenen Berechtigten nicht dessen Erben sind, erfolgt die Aufforderung an den eingetragenen Berechtigten, welcher bis zur Eintragung der Rechtsfolge im Grundbuch als der alleinige Berechtigte gilt und seinen Rechtsnachfolger zur Wahrung der Rechte zu veranlassen hat.

Artikel 7.[1])

Wird die gerichtliche Aufforderung[2]) der Berechtigten beantragt[3]), so kann sich der Antragsteller die Erklärung darüber, in welcher Weise die Werthminderung ausgeglichen werden soll, vorbehalten, bis einer der Berechtigten die Ausgleichung verlangt hat.

Die Aufforderung muß die Mittheilung, daß die Feststellung der Unschädlichkeit bevorsteht,[4]) die Angabe der Größe des Trennstücks und des Betrags der Werthminderung enthalten; als Rechtsnachtheil ist den Berechtigten anzudrohen, daß die Unschädlichkeit ihnen gegenüber ohne Ausgleichung der Werthminderung festgestellt werden würde.[5])

Ist die Mittheilung an einen Berechtigten[6]) nicht thunlich,[7]) so ist die an ihn zu richtende Aufforderung an die Gerichtstafel anzuheften und einmal in das für die Bekanntmachungen des Amtsgerichts bestimmte Blatt einzurücken. Das Gleiche gilt, wenn ein Berechtigter gestorben und der Erbe dem Amtsgerichte nicht bekannt ist.[8]) Die Erklärungsfrist beginnt mit dem Ablaufe von zwei Wochen seit der Einrückung.[9])

In dem Unschädlichkeitszeugnisse sind die Berechtigten zu bezeichnen, denen gegenüber die Ausgleichung der Werthminderung nicht erforderlich ist.[10])

I 516 ff. 535. II. 137. 140. B. 50 ff. B.Abg. 626 ff. Becher 47. 76 ff. 130. 167 ff. 205.

1. Während die Artikel 5 und 6 Bestimmungen treffen für den Fall, daß der Antragsteller die Ausgleichung sofort anbietet, stellt Artikel 7 dem Antragsteller anheim, von dem Anerbieten einer Ausgleichung und der Entscheidung, welche Ausgleichung, ob durch Geld oder durch ein anderes Grundstück, er wählen will, vorerst ganz abzusehen und zuzuwarten, ob seitens eines Berechtigten eine Ausgleichung verlangt wird. Letzteres wird in der Regel nicht der Fall sein, wenn von einem größeren verpfändeten Grundbesitze nur eine geringe Parzelle eines Grundstücks oder ein einzelnes Grundstück abgetreten wird, und darf der Antragsteller wohl annehmen, daß die Berechtigten kein Interesse haben, eine Ausgleichung zu verlangen.

2. d. i. die im vorigen Artikel vorgesehene Aufforderung.

3. S. Note 3 zu Artikel 6.

4. Die Aufforderung kann nicht mit dem Unschädlichkeitszeugniß verbunden werden, sondern hat der Ertheilung desselben vorauszugehen. Es ist also ein Vorverfahren einzuleiten und zuzuwarten, ob auf die Aufforderung keiner der Berechtigten auf Ausgleichung besteht; erst wenn feststeht, daß dies nicht der Fall ist, kann das Unschädlichkeitszeugniß ausgestellt werden. S. Einl. S. 25.

5. Vergl. Note 1 zu Artikel 6.

6. S. Note 8 zu Artikel 1.

Soweit jedoch von einem oder anderen der Berechtigten Zustimmungserklärung bereits vorliegt, kommt derselbe beim Verfahren nicht in Betracht und erfolgt daher an ihn auch keine Aufforderung.

7. Zunächst muß die persönliche, vereinfachte Zustellung an alle Berechtigte, soweit sie entweder aus dem Grundbuch oder als Erben eines eingetragenen Berechtigten bekannt sind, versucht werden; erst wenn eine solche Zustellung nicht gelingt oder wenn sie von Anfang an wegen Unbekanntseins der Berechtigten nicht erfolgen kann, hat die öffentliche Zustellung der Aufforderung in der im Abs. 2 vorgeschriebenen Form zu geschehen; in diesem Falle verlängert sich die in Abs. 1 bestimmte einmonatliche Frist um die Zustellungsfrist von zwei Wochen, sodaß im Ganzen, wenn nicht etwa seitens des Berechtigten früher eine Erklärung abgegeben wird, sechs Wochen von der Einrückung in die Zeitung abgewartet werden müssen, bis das Unschädlichkeitszeugniß ertheilt werden kann.

8. Soll die Zustellung an eine als Erbe eines eingetragenen Berechtigten bezeichnete Person erfolgen, so muß deren Erbeslegitimation durch Vorlage eines Erbschaftszeugnisses der zuständigen Verlassenschaftsbehörde oder, insoferne Verlassenschaftsgericht und verfügendes Gericht das gleiche ist, durch Bezugnahme auf die gerichtlichen Verlassenschaftsakten nachgewiesen werden; Gerichtsnotorietät genügt nicht und ist der Erbe immer dann dem Gerichte nicht bekannt, wenn seine Legitimation nicht bereits feststeht und amtlich nachgewiesen ist; Erhebungen hierüber können bei dem mit dem Antrage auf Feststellung der Unschädlichkeit angegangenen Gerichte nicht beantragt werden.

9. Als Tag der Einrückung gilt das Datum, unter welchem die betreffende Nummer des Amtsblattes erscheint; bezüglich Berechnung der Frist vergl. § 187 Abs. 1 und § 188 Abs. 2 B.G.B.

10. Eine namentliche Bezeichnung der Berechtigten im Unschädlichkeitszeugniß ist erforderlich, nicht bloß weil bezüglich einzelner Berechtigten, deren Zustimmungserklärung vielleicht schon vorliegt, solche im Unschädlichkeitszeugniß wie im ganzen Verfahren nicht berücksichtigt werden (s. Note 6), sondern auch weil möglicher Weise nach Ertheilung des Unschädlichkeitszeugnisses bis zu dessen Vorlage beim Grundbuchamte zum Vollzug weitere Berechtigte im Grundbuch eingetragen worden sein können, in welchem Falle, wenn z. B. eine Arresthypothek inzwischen eingetragen worden, der Eigenthümer dem neuen Gläubiger gegenüber mit dem Unschädlichkeitszeugniß Nichts machen kann. Er muß, wenn nicht etwa die Arresthypothek von dem Erwerber des Trennstücks bis zur Aufhebung des Arrestes übernommen werden will, entweder sich mit dem Arrestgläubiger abfinden oder bezüglich des letzteren ein neues Unschädlichkeitszeugniß erwirken. Vergl. Note 2 zu Artikel 9.

Artikel 8.

Ausschließung d. Beschwerderechts der Berechtigten.

Die Feststellung der Unschädlichkeit kann nicht im Wege der Beschwerde angefochten werden [1] [2].

E. 194. M. 200. I 412. 445 ff. 451. 519. 531. II 140. B. 44. 54. B.Abg. 619. 627. B.R.R. 471 ff. Becher 31. 36. 38. 41. 50. 84. 150. 170. 207. 239.

1. Die Bestimmung dieses Artikels bezieht sich nur auf die Berechtigten d. i. die Hypothek-, Grundschuld- und Rentenschuldgläubiger und Realberechtigte, welche weder ein Erinnerungsrecht noch eine Beschwerde gegen die ohne ihre Einwilligung zu erklärende Unschädlichkeit haben, während der Eigenthümer als Antragsteller, wenn seinem Antrage stattgegeben wird, keinen Anlaß zu einer Beschwerde hat.

Wenn aber die Unschädlichkeit etwa unter einer anderen oder höheren als von ihm angebotenen Werthausgleichung bewilligt wird, steht ein derartiger Ausspruch einer Abweisung des Antrags wie von ihm gestellt gleich und hat der Eigenthümer in diesem Falle ebenso wie im Falle der gänzlichen Abweisung seines Antrags das Beschwerderecht nach den allgemeinen Vorschriften über das Verfahren in den Angelegenheiten der nichtstreitigen Gerichtsbarkeit. Vergl. Art. 115 des Entwurfs eines Ausf.Ges. zum B.G.B. und § 19 ff. des R.Ges. über die Angelegenheiten der freiw. Gerichtsbarkeit vom 17. Mai 1898.

Nach diesen Bestimmungen ist die dem Antragsteller zustehende Beschwerde die an eine Frist nicht gebundene einfache Beschwerde, welche auf neue Thatsachen und Beweise gestützt, sowohl beim Gericht, dessen Verfügung angefochten wird, als auch beim Beschwerdegericht durch Einreichung einer an eine Form oder Anwaltszwang nicht gebundenen Beschwerdeschrift oder zu Protokoll des Gerichtsschreibers eines der beiden Gerichte eingelegt werden kann und vom vorgesetzten Landgericht zu entscheiden ist. Gegen die Entscheidung des Beschwerdegerichts ist die weitere Beschwerde zulässig, wenn die Entscheidung auf einer Verletzung des Gesetzes beruht; auch diese weitere Beschwerde ist an keine Frist gebunden, kann bei dem Gericht erster Instanz oder dem Landgericht als Beschwerdegericht oder dem Obersten Landesgerichte, an welches in Bayern auf Grund Art. 34 XII des Entwurfes eines Gesetzes, die durch die Einführung des B.G.B. veranlaßten Aenderungen der seit 1818 erlassenen Gesetze betr., wenn dieser Entwurf Gesetz wird, die weitere Beschwerde gehen wird, eingereicht werden und zwar entweder formlos wie die erste Beschwerde zu Protokoll des Gerichtsschreibers eines der drei Instanzgerichte oder durch Einreichung einer Beschwerdeschrift, welch letztere dann aber von einem Rechtsanwalt unterzeichnet sein muß. Das Erforderniß des Anwaltszwangs fällt auch bei Einreichung einer Beschwerdeschrift weg, wenn die weitere Beschwerde von einer Behörde (z. B. einer Gemeindebehörde, deren Antrag auf Unschädlichkeitserklärung einer von ihr veräußerten Theilfläche abgewiesen worden, oder in den Fällen der §§ 54 u. 110 des Gesetzes über die Angelegenheiten der freiwilligen Gerichtsbarkeit vom 17. Mai 1898) oder von einem Notar eingelegt wird, der in der Angelegenheit für den Beschwerdeführer einen Antrag bei dem Gericht erster Instanz gestellt hat (§ 15 Gr.B.O.).

Letzteres ist im Unschädlichkeitsverfahren denkbar, wenn der Antragsteller, was zwar nicht erforderlich aber zulässig ist, entweder den Antrag auf Unschädlichkeitserklärung selbst oder vielleicht einen hiezu gehörigen Nachweis z. B. eine Schätzung in notarieller oder notariell beglaubigter Form eingereicht hat, und ist in einem solchen Falle der Notar wie nach dem bisherigen Rechte (Artikel 11 Abs. 3 Not.Ges.) so wohl auch künftig zur Antragstellung berechtigt und bedarf er hiezu keiner besonderen Vollmacht.

Allgemein dagegen ist der Notar, wenn er einen solchen Antrag für den Beschwerdeführer nicht gestellt hat, zur Beschwerdeeinlegung nicht zuständig und berechtigt. (Vergl. § 29 des Ges. über die Angeleg. d. freiw. Gerichtsbarkeit vom 17. Mai 1898, Schneider Note 6 hiezu und Keidel Anm. 3 hiezu.)

Bei weiterer Beschwerde ist das Gericht erster Instanz oder das Beschwerdegericht zu einer Abänderung der angefochtenen Entscheidung nicht befugt.

2. Der Artikel 8 ist allgemein für die beiden Fälle, es mag eine Ausgleichung angeboten werden oder nicht.

Artikel 9.

Wirksamkeit des Zeugnisses.

Die Wirksamkeit [1]) des Unschädlichkeitszeugnisses tritt in den Fällen des Artikel 5 Abs. 2 nicht vor der Hinterlegung oder der Erstreckung der Rechte auf das andere Grundstück ein.

Im Falle des Artikel 6 ist das Unschädlichkeitszeugniß nur wirksam [1]), wenn die Unschädlichkeit ohne Ausgleichung gegenüber allen Berechtigten festgestellt ist, welche zur Zeit der lastenfreien Abschreibung des Trennstücks im Grundbuch eingetragen sind [2]).

E. 194. M. 199. I 520. 536. II 137. 140. B. 54. B.Abg. 628. B.R.R 473 ff. Pr.R.R. 680. Becher 86. 171. 207. 232 u. 239.

1. Wenn das Unschädlichkeitszeugniß, sei es unter der Bedingung der Ausgleichung (Artikel 5 Abs. 2) sei es ohne Ausgleichung (Artikel 6) ertheilt ist, hat das Grundbuchamt, wenn es angegangen wird, auf Grund des Zeugnisses und der im Zusammenhang damit abgegebenen Auflassungserklärungen die lastenfreie Abschreibung vorzunehmen, zu prüfen, ob die Bedingungen, unter welchen das Unschädlichkeitszeugniß ertheilt ist, sämmtlich erfüllt sind, ob also entweder die Ausgleichung durch Hinterlegung des Geldes oder Erstreckung der Rechte des Trennstücks auf das Ersatzgrundstück geschehen ist, insoferne nicht diese Erstreckung Zug um Zug mit Vollzug der Abschreibung erfolgen kann, oder ob weitere Berechtigte, als diejenigen, bezüglich welcher im Zeugniß eine Ausgleichung für nicht erforderlich erklärt ist, im Grundbuch nicht eingetragen sind. Sind die Bedingungen erfüllt, dann wird das Unschädlichkeitszeugniß und die Veräußerung im Grundbuch vollzogen; anderen Falles ist der Eigenthümer darauf aufmerksam zu machen, was er noch Alles zu thun habe, um die Bedingungen zu erfüllen. Siehe auch Einleitung S. 18.

2. Nur wenn alle Berechtigten auf Ausgleichung, sei es ausdrücklich sei es durch Nichtabgabe einer Erklärung innerhalb der Frist, verzichtet haben und neue Berechtigte nicht eingetragen worden sind, kann das Unschädlichkeitszeugniß vollzogen werden.

Wenn dagegen — und dieses wird nicht selten vorkommen — nach Ertheilung des Unschädlichkeitszeugnisses noch neue Rechte oder Berechtigte im Grundbuch eingetragen worden sind (Arresthypothek, Cession oder Verpfändung eines eingetragenen Rechtes), ist das Unschädlichkeitszeugniß diesen neuen Berechtigten gegenüber nicht wirksam; siehe Note 9 zu Artikel 7.

Artikel 10.

Wird das Trennstück von einer Hypothek, Grundschuld oder Rentenschuld befreit, so ist zur lastenfreien Abschreibung des Trennstücks die Vorlegung des Hypotheken-, Grundschuld-

oder Rentenschuldbriefs und bei einer Hypothek für die Forderung aus einer Schuldverschreibung auf den Inhaber, aus einem Wechsel oder einem anderen Papiere, das durch Indossament übertragen werden kann 1), die Vorlegung der Urkunde nicht erforderlich 2).

E. 194. M. 200. I 536. II 140. B. 54. B.Abg. 628. Becher 86. 172. 208.

1. Vergl. § 1187 B.G.B., welcher lautet:

„Für die Forderung aus einer Schuldverschreibung auf den Inhaber, aus einem Wechsel oder aus einem anderen Papiere, das durch Indossament übertragen werden kann, kann nur eine Sicherungshypothek bestellt werden. Die Hypothek gilt als Sicherungshypothek, auch wenn sie im Grundbuche nicht als solche bezeichnet ist. Die Vorschrift des § 1154 Abs. 3 findet keine Anwendung."

2. Der Artikel bestimmt eine Ausnahme von der Vorschrift in §§ 42—44, 62 Gr.B.O., wonach eine Aenderung der eingetragenen Rechte im Grundbuche nur bei Vorlage der Urkunden, welche die Berechtigten hierüber in Händen haben, zu vollziehen und jede solche Aenderung in den Urkunden vorzumerken ist. Selbstverständlich ist es den Berechtigten freigestellt, die Richtigstellung ihrer Urkunden nachträglich zu erwirken.

Artikel 11.

Vertheilung des hinterlegten Geldbetrags.

Ist ein Geldbetrag zur Vertheilung unter die Berechtigten hinterlegt, so hat das Amtsgericht diesen die Hinterlegung mit der Aufforderung mitzutheilen, innerhalb einer Frist von einem Monate zu erklären, ob sie auf der Vertheilung des hinterlegten Betrags bestehen 1); als Rechtsnachtheil ist den Berechtigten anzudrohen, daß die Unterlassung der Erklärung als Verzicht auf die Rechte an dem hinterlegten Betrag angesehen werden würde. Die Vorschriften des Artikel 6 Abs. 2, des Artikel 7 Abs. 3 und des Artikel 9 Abs. 2 finden Anwendung 2).

Wird die Vertheilung nicht verlangt, so ist der Eigenthümer zur Rücknahme des hinterlegten Betrags zu ermächtigen 3).

Ist die im Artikel 6 bestimmte Aufforderung erfolgt, die Unschädlichkeit aber vor dem Ablauf der Erklärungsfrist festgestellt worden, so gilt der Ablauf der Erklärungsfrist als Verzicht auf die Rechte an dem hinterlegten Betrage, wenn nicht der Berechtigte vorher erklärt, daß er auf der Ausgleichung der Werthminderung bestehe 4).

E. 194. M. 200. I 520 ff. 536 ff. II 140. B. 55. B.Abg. 629. Becher 37. 49. 87. 172. 209.

1. Diese Bestimmung bezieht sich sowohl auf die Fälle, in denen der Antragsteller von Vorneherein die Ausgleichung in Geld erlegt hat, als auch auf die weiteren Fälle, in welchen diese Ausgleichung vom Antragsteller erst später, insbesondere erst auf Verlangen eines Berechtigten auf Grund der gemäß Artikel 6 oder 7 ergangenen Aufforderung, erlegt worden ist: immer aber erfolgt die Aufforderung des Artikel 11 von Amtswegen erst nach Ertheilung des Unschädlichkeitszeugnisses, weil, sobald die Ausgleichung — sei es von Vorneherein oder auf Verlangen eines Berechtigten — angeboten ist, das Unschädlichkeitszeugniß unter der Bedingung der Ausgleichung zu ertheilen ist und die Frage, wer auf das zur Ausgleichung bestimmte Geld Anspruch hat, einem eigenen nachträglichen Verfahren vorbehalten bleibt, welches von keinem Antrage abhängt, sondern Sache des Offizialbetriebs ist. Siehe Einleitung S. 29.

2. Auch die Vertheilung des hinterlegten Betrags erstreckt sich nicht blos auf alle zur Zeit der Ausstellung des Unschädlichkeitszeugnisses eingetragenen Berechtigten, soweit solche auf Aufforderung nach Artikel 6 oder 7 nicht mit dem Anspruch auf Ausgleichung ausgeschlossen sind, sondern auch auf weitere später bis zum Vollzug noch eingetragenen Berechtigten.

3. Eine solche Ermächtigung ist wegen der Bestimmung in Art. 3 Abs. 1 nothwendig; s. dortselbst Note 2.

4. Weil in dem Verzicht auf Ausgleichung natürlich auch der Verzicht auf Vertheilung enthalten ist.

Artikel 12.

Grundsätze für die Vertheilung.

Der zu vertheilende Betrag tritt für die Berechtigten an die Stelle des Trennstücks.[1])

Auf die Vertheilung des hinterlegten Betrags unter die Berechtigten finden die für die Vertheilung des Erlösers im Falle der Zwangsversteigerung von Grundstücken geltenden Vorschriften entsprechende Anwendung.[2]) Die Vertheilung ist erst zulässig, wenn die lastenfreie Abschreibung des Trennstücks im Grundbuch erfolgt ist.[3])

E. 194. M. 200. I 521. 537. II 138. 140. B. 42. 55. B.Abg. 629. B.-R.R. 476.

Becher 88. 131. 148. 173. 211. 241.

1. Die Ertheilung des Unschädlichkeitszeugnisses ist für die Berechtigten eine Zwangsenteignung im weiteren Sinne, weshalb auf den vom Eigenthümer hinterlegten Betrag die für die Entschädigung aus einer Zwangsenteignung geltenden Grundsätze Anwendung finden. Nach Artikel XI des Ges. über die Zwangsabtretung von Grundeigenthum für öffentliche Zwecke vom 17. November 1837 und Artikel 51 A.G. z. C.P.O. u. K.O. erlöschen die auf dem Abtretungsgegenstande ruhenden Hypotheken durch die Entwährung und gehen auf die Entschädigungssumme über. Folgegemäß werden auch bei Abtrennung einer Theilfläche nach gegenwärtigem Gesetze die Berechtigten nicht Kraft der

persönlichen Befriedigungsbefugniß des Eigenthümers, sondern aus dem Trennstück befriedigt und kommen nicht § 1142 und 1143 sondern § 1181 B.G.B.*) in Anwendung, wonach die Hypotheken der Berechtigten nicht auf den Eigenthümer als Eigenthümerhypotheken übergehen, sondern erlöschen.

Da durch die Abtrennung das Recht des Gläubigers an dem Trennstück erlischt, erhält er statt dessen nur mehr ein Recht auf den zur Vertheilung hinterlegten Betrag oder auf das zur Ausgleichung dienende Grundstück.

2. Es finden nur die Vorschriften über das Vertheilungsverfahren, nicht auch die über das Versteigerungsverfahren entsprechende Anwendung; der Ertheilung des Zuschlags bei der Zwangsversteigerung entspricht die Ertheilung des Unschädlichkeitszeugnisses.

Für die Uebergangszeit kommen also zur Anwendung die Artikel 95—124 d. bay. Subh.O. vom 23. Februar 1879 mit Novelle vom 29. Mai 1886, künftig das ist für jeden Grundbuchbezirk von dem Zeitpunkt an, in welchem das Grundbuch als angelegt anzusehen ist (§ 1 E.G. z. Ges. über die Zwangsversteig. vom 24. März 1897), die §§ 105 bis 145 des Ges. über die Zwangsverversteigerung und Zwangsverwaltung vom 24. März 1897.

Das Vertheilungsverfahren wird erst eingeleitet, wenn auf die nach dem vorigen Artikel 11 an die Berechtigten ergangene Aufforderung seitens derselben oder einzelner von ihnen Erklärung dahin abgegeben worden ist, daß sie die Vertheilung des hinterlegten Betrags verlangen, und erstreckt sich nur auf diejenigen Berechtigten, welche ein solches Verlangen gestellt haben, während diejenigen, welche eine Erklärung innerhalb der einmonatlichen Frist nicht abgegeben haben, mit ihren Ansprüchen auf den hinterlegten Betrag ausgeschlossen, daher auch im Vertheilungsverfahren nicht mehr betheiligt sind.

Wenn nur seitens eines einzigen Berechtigten die Vertheilung des hinterlegten Geldbetrags verlangt ist, bedarf es natürlich keines Vertheilungsverfahrens, sondern erhält derselbe den ganzen Betrag zur Auszahlung angewiesen, sobald Nachweis über den Vollzug des Un-

---

*) § 1142:

Der Eigenthümer ist berechtigt, den Gläubiger zu befriedigen, wenn die Forderung ihm gegenüber fällig geworden oder wenn der persönliche Schuldner zur Leistung berechtigt ist.

Die Befriedigung kann auch durch Hinterlegung oder durch Aufrechnung erfolgen.

§ 1143:

Ist der Eigenthümer nicht der persönliche Schuldner, so geht, soweit er den Gläubiger befriedigt, die Forderung auf ihn über. Die für seinen Bürgen geltenden Vorschriften des § 774 Abs. 1 finden entsprechende Anwendung.

Besteht für die Forderung eine Gesammthypothek, so gelten für diese die Vorschriften des § 1173.

§ 1181:

Wird der Gläubiger aus dem Grundstücke befriedigt, so erlischt die Hypothek.

Erfolgt die Befriedigung des Gläubigers aus einem der mit einer Gesammthypothek belasteten Grundstücke, so werden auch die übrigen Grundstücke frei.

Der Befriedigung aus dem Grundstücke steht die Befriedigung aus den Gegenständen gleich, auf die sich die Hypothek erstreckt.

schädlichkeitszeugnisses d. i. über die erfolgte lastenfreie Abschreibung des Trennstücks im Grundbuch vorgelegt wird.

Endlich kann trotz Erklärung mehrerer Berechtigten, daß auf Vertheilung bestanden wird, das gerichtliche Vertheilungsverfahren vermieden werden, wenn diese Berechtigten und der Eigenthümer sich über die Vertheilung einigen und Nachweis hierüber in öffentlicher Urkunde (Art. 95 Subh.O.) und künftig in öffentlicher oder wenigstens öffentlich beglaubigter Urkunde (§ 143 des Ges. über die Zwangsversteig.) dem Gerichte vorlegen.

Das Vertheilungsverfahren selbst ist künftig im Wesentlichen ähnlich dem bisherigen, nur ist künftig der Vertheilungstermin sofort anzuberaumen und erst in demselben der Theilungsplan aufzustellen, welcher nur ausnahmsweise in schwierigen Fällen zuvor schon anzufertigen und zur Einsicht der Betheiligten aufzulegen ist; auch soll die Terminsbestimmung an die Gerichtstafel angeheftet werden (§§ 105, 106 des Ges. über die Zwangsverst.).

An Stelle des Ansteigerers im Subhastationsverfahren, künftig Ersteher genannt, tritt im Unschädlichkeitsverfahren der Eigenthümer als Antragsteller.

Bezüglich der Kosten des Vertheilungsverfahrens siehe Artikel 21 und Note 2 hiezu.

3. Mit Rücksicht auf die Bestimmungen in Artikel 6 Abs. 2, Artikel 7 Abs. 3 und Artikel 9 Abs. 2, damit nicht hinterher im Vollzug des Unschädlichkeitszeugnisses noch Schwierigkeiten entstehen und unter Umständen der Eigenthümer sein Geld umsonst hingegeben hatte und die Berechtigten die zugetheilten Beträge wieder rückvergüten mußten.

Artikel 13. Vorkaufsrecht.

Ist das Grundstück mit einem Vorkaufsrechte[1]) belastet, das sich nicht auf den Fall der ersten Veräußerung beschränkt[2]), so finden auf die Befreiung des Trennstückes von dem Vorkaufsrechte die Vorschriften der Artikel 1 bis 9 entsprechende Anwendung.[3]) Die Ausgleichung der Werthminderung in Geld ist ausgeschlossen.[4])

Erfolgt die Veräußerung des Trennstückes im Wege des Verkaufs,[5]) so darf die Unschädlichkeit erst festgestellt werden, wenn der Berechtigte von dem ihm für diesen Veräußerungsfall zustehenden Vorkaufsrechte keinen Gebrauch macht.[6])

E. 194. M. 200 ff. I 442 ff. 449. 537. II 140. B. 43. 56 ff. B.Abg. 630 ff. B.R.R. 477 ff.
Becher 31. 35. 44. 89. 149. 175. 213. 241.

1. Vorkaufsrecht.

Bisheriges Recht.

Die früher vielfach bestandenen, theils auf dem Familien-, theils auf dem Guts- und lehenherrlichen Verbande, theils auf Gemeinschafts- oder Nachbarverhältnissen beruhenden gesetzlichen Retraktsrechte, gewöhnlich Einstandsrecht genannt, sind mit Ausnahme des Vorkaufsrechtes des Miteigenthümers bei Veräußerung des Antheils eines anderen Theilhabers an einen Fremden sämmtlich durch Landtagsabschied vom 10. November 1861 § 28 Ziffer 2 (G.Bl. S. 77) aufgehoben, wobei nur das auf letztem Willen oder Vertrag beruhende Vorkaufsrecht ausdrücklich als nicht hierunter begriffen aufrecht erhalten ist.

Als gesetzliches Vorkaufsrecht besteht hienach nur das Miteigenthümerretrakts- oder Vorkaufsrecht, während die nach bürgerlichem Rechte zulässigen, durch Rechtsgeschäfte unter Lebenden oder von Todeswegen begründeten Retraktrechte auch jetzt noch zu Recht bestehen und aufrecht bleiben, wie in gleicher Weise solche Vorkaufsrechte auch jetzt noch rechtswirksam begründet werden können.

(Roth Thl. II § 142, Becher B.C.R. § 158 und die dort citirte Literatur, Danzer Thl. IV cap. 5 Note zu § 1.)

Diese Vorkaufsrechte erstrecken sich auf bewegliche wie unbewegliche, körperliche und unkörperliche Sachen, ebenso auf Rechte (Roth II S. 188 Note 19, Becher B.C.R. S. 965 Note 5). Sie beruhen auf obligatorischer Grundlage, haben aber dingliche Wirkung gleich einer obligatorischen Dispositionsbeschränkung, deren Geltendmachung durch Einschreibung in der 2. Abtheilung des Hypothekenbuchblattes gesichert werden kann. (S. Roth u. Becher B.C.R, a. a. O. Regelsberger S. 44 Note 8.)

Das Vorkaufsrecht hindert zwar nicht den Eigenthumsübergang auf den Erwerber, aber der Vorkaufsberechtigte ist befugt, gegen Erfüllung aller im Veräußerungsvertrage vereinbarten Bedingungen das Objekt von jedem Inhaber zurückzufordern.

(Roth II S. 189. Becher B.C.R. S. 966.)

Das Vorkaufsrecht findet nicht bei allen Arten der Veräußerung, sondern nur bei Verkauf, wie schon der Name sagt, statt, was in der Praxis allerdings controvers ist.*) (Roth S. 188 Abs. 2. Becher B.C.R. S. 966 Note 7).

Die Frist zur Geltendmachung des Vorkaufsrechtes ist die gewöhnliche 30jährige Verjährungszeit des Eigenthumsanspruchs und beginnt mit der Perfektion der Veräußerung.

(Becher B.C.R. S. 967; a. M. Roth II S. 189).

Zur Begründung des Vorkaufsrechtes, Einräumung oder Anerkennung desselben ist keine Form, insbesondere nicht notarielle Errichtung erforderlich, ebensowenig nach bayer. Landrecht zur Erklärung über Ausübung oder Nichtausübung des Vorkaufsrechtes an Immobilien (E. d. Oberst. L.G. XV. 506; Becher B.C.R. S. 542, s. auch Samml. Oberst. E. Bd. IV. 444.)

Das Vorkaufsrecht geht verloren durch Verzicht oder stillschweigende Einwilligung des Berechtigten in die Veräußerung, durch Nichtausübung innerhalb der Verjährungszeit, durch Rückerwerb des Antheils seitens des veräußernden Theilhabers oder eines anderen gleichberechtigten Theilhabers der Gemeinschaft vor Geltendmachung des Vorkaufsrechtes,

*) Dem Verfasser sind Fälle bekannt, daß eine Stadtgemeinde sogar bei Erbübergang an die Gesetzeserben von ihrem Einstandrechte Gebrauch gemacht hat.

nicht aber durch den Tod des Berechtigten, insoferne das Vorkaufsrecht nicht ausschließlich für seine Person eingeräumt ist. Doch kann es nur auf die Erben des Berechtigten, nicht auf Dritte übertragen werden; (Becher B.C.R. S. 966 Note 8.).

Endlich kann bei der Zwangsenteignung, der Flurbereinigung, bei Veräußerung von Kuxen des älteren Bergrechtes und in der Subhastation weder das gesetzliche noch das vertragsmäßige Vorkaufsrecht ausgeübt werden. (Becher B.C.R. S. 967 Nr. 3 Art. 77, 40 Ziff. 5, 92 Subh.O.).

Künftiges Recht.

Das B.G.B. kennt ein Vorkaufsrecht in doppelter Gestaltung, ein persönliches oder obligatorisches Vorkaufsrecht (§ 504—514) mit Wirkung nur gegenüber dem Verpflichteten und dessen Erben, nicht gegenüber dem Käufer des dem Vorkaufsrechte unterworfenen Gegenstandes und ein dingliches Vorkaufsrecht (§ 1094—1104), welch' letzteres nur bei Grundstücken, nicht auch bei beweglichen Sachen, zulässig ist und Dritten gegenüber die Wirkung einer Vormerkung zur Sicherung des durch die Ausübung des Rechtes entstehenden Anspruchs auf Uebertragung des Eigenthums hat. (§ 1098 Abs. 2 B.G.B. Staudinger § 1098 Note 2. Gebhard S. 169).

Als gesetzliches Vorkaufsrecht kennt das B.G.B. lediglich das Vorkaufsrecht des Miterben, in

§ 2034:

Verkauft ein Miterbe seinen Antheil an einen Dritten, so sind die übrigen Erben zum Vorkaufe berechtigt.

Die Frist für Ausübung des Vorkaufsrechtes beträgt zwei Monate. Das Vorkaufsrecht ist vererblich.

§ 2035:

Ist der verkaufte Antheil auf den Käufer übertragen, so können die Miterben das ihnen nach § 2034 dem Verkäufer gegenüber zustehende Vorkaufsrecht dem Käufer gegenüber ausüben Dem Verkäufer gegenüber erlischt das Vorkaufsrecht mit der Uebertragung des Antheils.

Der Verkäufer hat die Miterben von der Uebertragung unverzüglich zu benachrichtigen.

Das Vorkaufsrecht findet nur bei einem Kaufvertrag nicht auch bei anderen Veräußerungen (Tausch, Uebergabe, Schenkung, Erbübergang 2c.) statt und zwar in der Regel beim ersten Fall der Veräußerung durch den Eigenthümer oder dessen Erben, kann jedoch auch für mehrere oder alle Verkaufsfälle bestellt werden. (§ 504, 1097 B.G.B. Staudinger § 1097 Note 1.) Ist das Vorkaufsrecht auf den ersten Fall der Veräußerung beschränkt und ist solcher kein Kauf, sondern ein anderes Rechtsgeschäft oder ist das Vorkaufsrecht durch § 511 (Kindskauf) oder § 512 (Zwangsverkauf) ausgeschlossen, so kann es auch später nicht mehr ausgeübt werden, sondern ist mit diesem Falle beendet und erloschen. (Fischer Henle § 1097 Note 1.).

Der Vertrag über Einräumung eines Vorkaufsrechtes bedarf derjenigen Form, welche für einen auf Veräußerung des Gegenstandes gerichteten Vertrag vorgeschrieben ist, also bei Grundstücken der notariellen Beurkundung, während die Ausübung des Vorkaufsrechtes durch formlose Erklärung gegenüber dem Verpflichteten erfolgt und nicht an die für den Kaufvertrag bestimmte Form gebunden ist. (§ 505 B.G.B.)

Das Vorkaufsrecht kann nach § 510 B.G.B. bei Grundstücken nur bis zum Ablaufe von zwei Monaten, bei anderen Gegenständen nur bis zum Ablauf einer Woche nach Empfang der Mittheilung über den mit einem Dritten abgeschlossenen Kaufvertrag, welche Mittheilung unverzüglich nach Abschluß des Vertrages zu geschehen hat, ausgeübt werden, insoferne nicht vertragsmäßig eine andere Frist vereinbart ist.

2. Beschränkt sich das Vorkaufsrecht auf den Fall der ersten Veräußerung, so erlischt es, wenn es bei Veräußerung — sei es im Wege des Verkaufes, sei es anderweitig — auch nur eines Trennstückes nicht geltend gemacht wird, und bedarf es für diesen Fall ebensowenig eines Unschädlichkeitszeugnisses wie für den in der Praxis häufigen Fall, daß der Vorkaufsberechtigte das Trennstück freigibt unter der Bedingung, daß sein Vorkaufsrecht auf dem Restgrundstücke aufrecht erhalten bleibt.

3. Dagegen kann die Ausgleichung durch ein anderes Grundstück erfolgen d. h. der Eigenthümer kann dem Vorkaufsberechtigten das Vorkaufsrecht bezüglich dieses Ersatzgrundstückes anbieten, wenn letzteres dem Berechtigten die gleichen Vortheile gewährt, ein Fall, welcher im Unschädlichkeitsverfahren wohl nur selten vorkommen wird, weil in einem solchen Falle unschwer die Zustimmung des Berechtigten im Wege der Transferirung des Vorkaufsrechtes auf das Ersatzgrundstück erbracht werden wird. Ueberhaupt kann die gütliche Ausgleichung sowohl in Geld wie durch Surrogirung eines anderen Grundstücks seitens der Betheiligten erfolgen und ist bloß die gerichtliche Ausgleichung in Geld ausgeschlossen, weil das Vorkaufsrecht ein Interesse ist, welches in der Regel nicht in Geld veranschlagt werden kann.

4. Beispiel:

A vertauscht von seinem Anwesen Pl. Nr. x zu 0,042 ha im Werthe von 30,000 M., bezüglich dessen der Stadtgemeinde für alle Zeiten das Einstandsrecht zusteht, eine Fläche von 0,004 ha im Werthe von 300 M. an seinen Nachbar B gegen eine Fläche von 0,002 ha aus dessen Garten Plan Nr. y im Werthe von 100 M. Da kein Verkauf vorliegt, kann die Stadtgemeinde von ihrem Einstandsrechte keinen Gebrauch machen; die Minderung des Grundstücks x ist nach Umfang und Werth verhältnißmäßig gering, es kann also die Abtrennung der vertauschten Fläche von 0,004 ha aus Plan Nr. x für die vorkaufsberechtigte Stadtgemeinde ohne Ausgleichung der Werthminderung oder durch Ausgleichung derselben durch Zuschreibung der eingetauschten Fläche von 0,002 ha aus Plan Nr. y bei dem Grundstücke x für unschädlich erklärt und auf Grund dieses Unschädlichkeitszeugnisses die abgetrennte Fläche frei von dem Vorkaufsrechte, welches nur auf dem Restgrundstücke Plan Nr. x bestehen bleibt, abgeschrieben werden.

Würde dagegen A die Fläche von 0,004 ha aus Plan Nr. x verkaufen, nicht vertauschen, so müßte zunächst die Stadtgemeinde darüber gehört werden, ob sie von ihrem Einstandsrechte Gebrauch macht;

macht sie hievon Gebrauch, so tritt sie in den Kaufvertrag bezüglich dieser Theilfläche zu 0,004 ha als Käuferin ein, während das Vorkaufsrecht lediglich auf dem Restgrundstück Plan Nr. x stehen bleibt. Macht die Stadtgemeinde aber von ihrem Vorkaufsrechte keinen Gebrauch, so kann das Unschädlichkeitszeugniß wie vor ertheilt werden.

5. Da das Vorkaufsrecht wie angeführt nur im Falle des Verkaufs des belasteten Grundstücks ausgeübt werden kann, bedarf es bei anderweitiger Abtrennung eines Grundstücktheiles keiner vorherigen Anhörung des Vorkaufsberechtigten, weil dieser sein Vorkaufsrecht nicht auszuüben berechtigt ist.

6. Wenn dagegen die Ausübung des Vorkaufsrechtes in Frage kommt, d. i. also bei Veräußerung des Trennstücks im Wege des Verkaufs, muß der Vorkaufsberechtigte zuvor über Ausübung oder Nichtausübung seines Rechtes gehört werden und hat er hiezu nach § 510 Abs. 2 B.G.B. eine Frist von 2 Monaten, insoferne vertragsmäßig nicht eine kürzere oder längere Frist vereinbart ist. Erst nach Ablauf dieser Frist, wenn der Berechtigte innerhalb derselben von seinem Vorkaufsrechte keinen Gebrauch gemacht hat, kann ihm gegenüber, wenn es sich um einen Verkauf des Trennstücks handelt, das Unschädlichkeitsverfahren eingeleitet werden. Die Mittheilung an den Vorkaufsberechtigten über den Verkauf kann auch durch die gerichtliche Aufforderung (Artikel 6) erfolgen, in welcher dann die Frist von zwei Monaten eventuell die vereinbarte Frist und wenn letztere kürzer wie ein Monat ist, letztere (Artikel 6) vorzustrecken ist.

Artikel 14. Anwendbarkeit auf Familienfideikommisse, landwirthschaftl. Erbgüter und Lehen.

Bei Familienfideikommissen,[1] landwirthschaftlichen Erbgütern,[2] Lehen und allodifizirten Lehen[3] finden die Vorschriften der Artikel 1 bis 5, 8 und des Artikels 9 Abs. 1 auf die Befreiung des Trennstücks von den Rechten der Anwärter oder Anerben entsprechende Anwendung.[4][5] Fideikommißschulden stehen den Hypotheken gleich.

Für die Veräußerung eines einzelnen Grundstücks gilt das Gleiche, wie für die Veräußerung eines Trennstücks.[6]

Zur Ausgleichung der Werthminderung kann gegenüber den Anwärtern oder den Anerben und den Fideikommißgläubigern[7] auch die Forderung auf den Kaufpreis dienen, wenn das veräußerte Trennstück an erster Stelle hinter den zur Zeit der Veräußerung bestehenden Belastungen mit einer Hypothek für die Forderung belastet ist. Auf die Forderung oder den zu hinterlegenden Geldbetrag sind die von der Abtrennung betroffenen Rechte zu erstrecken.[8]

Bei Familienfideikommissen ist zur Feststellung der Unschädlichkeit das Fideikommißgericht zuständig.[9]

E. 195. M. 201. I 444, 449, 522, 537. II 138 ff. B. 43, 57 ff. V. Abg. 631 ff. B.R.R. 479.
Becher 35, 45, 90, 91, 132 ff., 150, 176 ff. 215, 242.

1. Bezüglich der Familienfideikommisse vergl. Edikt über den Adel im Königreich Bayern v. 28. Juli 1808 R.Bl. S. 2029, 2626 und das Edikt, die bisherigen adeligen Fideikommisse und künftigen Majorate im Königreich betr., vom 22. Dezember 1811 R.Bl. S. 5, dann Edikt über die Familienfideikommisse (VII. Verfass.-Beil.) vom 26. Mai 1818, durch welch letzteres das Recht der Familienfideikommisse unter Aufhebung aller früheren Normen einheitlich und im Wesentlichen auf der Grundlage der Majorate neu geregelt ist. (Becher B.C.R. 936.)

Unser Gesetz bezieht sich nur auf die Familienfideikommisse, welche unter die VII. Verf.Beil. fallen, daher nicht auf die Familienfideikommisse der Standesherren, deren Rechtsverhältnisse in der IV. Verf.-Beil. geregelt sind (§ 102 des Ediktes über die Familienfideikommisse), auch nicht auf die Familienfideikommisse des vormaligen unmittelbaren Reichsadels (reichsritterschaftliche Stammgüter), welche bei Erlassung der VII. Verf.-Beil. noch in ihrem alten Complexe bestanden und inzwischen nicht an andere Besitzer übergegangen sind (§ 104 und 105 des Ediktes über die Familienfideikommisse), und auch nicht auf die Familienfideikommisse, welche bei Erlassung der VII. Verf.-Beil. in den bis dorthin zu Bayern neu erworbenen Gebietstheilen bereits bestanden haben (§ 106 des Ediktes über die Familienfideikommisse), weil bezüglich dieser drei Kategorien von Familienfideikommissen des hohen Adels ein Eingriff in die Hausverfassungen und autonomen Rechtsverhältnisse weder zulässig noch erforderlich ist. (B. 43.)

2. Durch das Gesetz vom 22. Februar 1855, die landwirthschaftlichen Erbgüter betreffend, wurde für kleinere Grundcomplexe eine ähnliche Gebundenheit und Vererblichkeit wie bei den Familienfideikommissen ermöglicht, von welchem Institute aber soviel wie kein Gebrauch gemacht wird, so daß es im Rechtsleben ohne jede Bedeutung und so gut wie beseitigt ist; es bestehen im Ganzen nur vier landwirthschaftliche Erbgüter in Bayern. (Roth II S. 592. Becher B.C.R. 964.)

3. Bezüglich des Lehenrechts s. Edikt vom 7. Juli 1808 über die Lehenverhältnisse im Königreich Bayern, Ges. vom 15. August 1828, die Revision des Lehenedikts betr., Ges. v. 4. Juni 1848, die Ablösung des Lehenverbandes betr., Roth II S. 502. Becher B.C.R. 922.

4. Beispiel:

Der gegenwärtige Besitzer (Nutznießer) des Graf zu Arco-Zinneberg'schen Familien-Fideikommisses verkauft das im Fideikommißverbande stehende Grundstück Pl.-Nr. 1086 Lochholz Waldung zu 1,783 ha der Steuergemeinde Stein an die Zellstofffabrik Waldhof um 20,000 M., da die forstwirthschaftlichen Erträgnisse dieser Waldung in keinem Verhältniß zu dessen Verkaufswerth stehen. Nach den Bestimmungen des Ediktes über die Familienfideikommisse (§ 1, 42, 43, 48, 49, 52, 65, 66) ist zu dieser Veräußerung die Zustimmung sämmtlicher Anwärter und die Genehmigung des Fideikommißgerichtes erforderlich und dieselbe ohne solche nichtig.

Da die Minderung des Fideikommißbesitzes durch Veräußerung dieses Grundstücks im Verhältniß zum Umfang und Werth des ganzen Familienfideikommisses gering ist, kann diese Veräußerung ohne Einvernehmung der Anwärter vom Fideikommißgerichte für unschädlich erklärt werden, wogegen der Kaufpreis zu 20,000 M. zum Ankauf einer anderen fruchtbringenden Realität verwendet und, bis solches geschehen kann, auf Hypothek verzinslich angelegt (§ 68 des Ediktes) und die hiefür zu erwerbende neue Realität oder die Hypothekforderung der Substanz des Fideikommißvermögens einverleibt werden muß.

Wenn die 20,000 M. nicht baar bezahlt sondern auf dem Grundstück Plan Nr. 1086 an erster Stelle hypothekarisch versichert würden, erfolgt die Ausgleichung durch Einverleibung dieser Hypothek für den Kaufpreis in das Fideikommißvermögen. Lasten auf dem Fideikommiß Fideikommißschulden I. oder II. Klasse (§ 54 ff. des Ediktes), welche gleich den Hypotheken geachtet werden, so kann die Abtrennung des Grundstücks auch den Fideikommißgläubigern gegenüber für unschädlich erklärt werden, da deren Ansprüche im Range vor den Rechten der Anwärter auf die Kaufpreisforderung erstreckt werden. Die Hypothek für den Kaufpreis zu 20,000 M. auf dem veräußerten Grundstücke Plan Nr. 1086 haftet dann durch ihre Einverleibung in die Substanz des Fideikommißvermögens den Fideikommißgläubigern in gleicher Weise wie bisher das veräußerte Grundstück gehaftet hat.

5. Die Bestimmung der Artikel 6 u. 7 greifen nicht Platz, so daß also, von dem Ausnahmefall des Artikel 2 Abs. 3 abgerechnet, von einer Ausgleichung der Werthminderung nicht abgesehen werden kann.

6. Für Familienfideikommisse, Lehen und landwirthschaftliche Erbgüter ist nicht Artikel 120, sondern Artikel 59 und 64 E.G. z. B.G.B. maßgebend, welche lauten:

Art. 59:

Unberührt bleiben die landesgesetzlichen Vorschriften über Familienfideikommisse und Lehen, mit Einschluß der allodifizirten Lehen, sowie über Stammgüter.

Art. 64:

Unberührt bleiben die landesgesetzlichen Vorschriften über das Anerbenrecht in Ansehung landwirthschaftlicher und forstwirthschaftlicher Grundstücke nebst deren Zubehör.

Die Landesgesetze können das Recht des Erblassers, über das dem Anerbenrecht unterliegende Grundstück von Todeswegen zu verfügen, nicht beschränken.

7. Die Ausgleichung der Werthminderung durch die Forderung auf den Kaufpreis ist bei den Familienfideikommissen allgemein zulässig, nicht bloß gegenüber den Anwärtern sondern auch gegenüber den Fideikommißgläubigern, weil nach den Bestimmungen des Ediktes über die Familienfideikommisse der Erlös für veräußerte Grundstücke wieder in die Substanz des Fideikommißgutes verwendet werden muß durch Ankauf anderer Liegenschaften oder rentirlicher Rechte oder, bis dieses geschehen kann, durch Ausleihung auf Hypothek, und daher weder den Anwärtern noch auch den Fideikommißgläubigern ein Nachtheil erwächst; bei den Lehen und landwirthschaftlichen Erbgütern dagegen ist eine solche Ausgleichung nur den Anwärtern und Anerben gegenüber zulässig, nicht auch gegenüber den Gläubigern, weil die Rechte der letzteren sich nicht auf den an Stelle eines veräußerten Grundstücks in die Substanz des Gutes zu verwendenden Erlös erstrecken, sondern nicht weiter reichen wie die eines Hypothekgläubigers.

8. Siehe Artikel 9 Abs. 1 und Note 1 hiezu.

9. Gemäß § 14 des Ediktes über die Familienfideikommisse sind die Oberlandesgerichte die Fideikommißgerichte erster Instanz.

Art. 15. Anwendbarkeit auf die dem Eigenthümer eines Grundstücks an einem anderen Grundstücke zustehenden Rechte.

Die Vorschriften der Artikel 1 bis 14 finden auf die Aufhebung eines dem jeweiligen Eigenthümer des Grundstücks an einem anderen Grundstücke zustehenden Rechtes [1]) entsprechende Anwendung [2]).

E. 195. M. 201. I 449. II 139. B. 58. B.Abg. 633. Becher 45. 92. 180. 218.

1. Dieser Artikel stellt der in den vorausgehenden Artikeln behandelten Abtrennung einer Theilfläche von einem Grundstücke den Fall gleich, daß die Grundfläche zwar unverändert bleibt, dagegen ein mit dem Grundstücke in der Art verbundenes Recht, daß der jeweilige Eigenthümer des Grundstücks der Berechtigte ist, aufgehoben werden soll, z. B. eine Grunddienstbarkeit, eine Reallast, ein Vorkaufsrecht (§ 1094 Abs. 2 B.G.B.*). Ein solches Recht macht das herrschende Grundstück werthvoller und diese Werthsteigerung kommt wieder den Hypothek- ꝛc. Gläubigern zu Gute, welchen dieser Mehrwerth nicht ohne weiteres entzogen werden darf. Nach den Vorschriften des Bürgerlichen Gesetzbuches**) kann ein solches Recht nur mit Zustimmung derjenigen aufgehoben werden, denen das herrschende Grundstück haftet. Deshalb soll das Unschädlichkeitszeugniß in gleicher Weise für die Aufhebung dieses Rechtes ertheilt werden können, wie für die Abtrennung eines Grundstücktheiles. (I 449.)

Die Zulässigkeit der in gegenwärtigem Artikel gegebenen Vorschrift ist in Artikel 120 Abs. 2 Nr. 2 E.G. z. B.G.B. begründet***).

---

*) § 1094 Abs. 2: „Das Vorkaufsrecht kann auch zu Gunsten des jeweiligen Eigenthümers eines andern Grundstücks bestellt werden."

**) § 876: „Ist ein Recht an einem Grundstücke mit dem Rechte eines Dritten belastet, so ist zur Aufhebung des belasteten Rechtes die Zustimmung des Dritten erforderlich. Steht das aufzuhebende Recht dem jeweiligen Eigenthümer eines anderen Grundstückes zu, so ist, wenn dieses Grundstück mit dem Rechte eines Dritten belastet ist, die Zustimmung des Dritten erforderlich, es sei denn, daß dessen Recht durch die Aufhebung nicht berührt wird. Die Zustimmung ist dem Grundbuchamt oder demjenigen gegenüber zu erklären, zu dessen Gunsten sie erfolgt; sie ist unwiderruflich."

***) Seite 3.

2. Beispiele.

a) Dem jeweiligen Eigenthümer des auf Plan Nummer x stehenden Anwesens H steht das im Grundbuch eingetragene Recht zu, das Grundstück y des B als Zufahrt zu seinem Anwesen H zu benützen, weshalb zur Sicherung dieses Rechtes das Grundstück y weder abgeschlossen noch überbaut werden darf. Dieses Recht ist für die Hypothekgläubiger a, b und c des A als gegenwärtigen Eigenthümers des Anwesens H von großem Werthe, da letzteres eine andere Zufahrt bisher nicht hat. Da A durch Umbau des Anwesens und Neuvermessung sich eine neue bequeme Zufahrt zu seinem Anwesen H verschaffen kann, bietet er sein Recht der Zufahrt über das Grundstück y dem B, welcher für dessen Befreiung von dieser Last eine Entschädigung von 1000 M. zu zahlen bereit ist, um diesen Betrag zur Ablösung an. Zur Aufgabe dieses Rechtes wäre die Zustimmung der Hypothekgläubiger a, b und c erforderlich. Da die Werthminderung, welche das Grundstück x durch die Veräußerung des Zufahrtrechtes über das Grundstück y erleidet, in Folge der neu gewonnenen Zufahrt gering ist, kann nach erfolgter rechtsförmlicher Errichtung dieser neuen Zufahrt die Veräußerung des Zufahrtrechtes über das Grundstück y gegen Ausgleichung der Werthminderung durch Geld oder ein anderes Grundstück für das Grundstück x und dessen Hypothekgläubiger a, b und c für unschädlich erklärt werden.

Beträgt hiebei die Werthminderung nicht über 50 M., kann von einer Ausgleichung ganz abgesehen werden, ebenso wenn die Berechtigten d. i. die Hypothekgläubiger a, b und c auf Aufforderung gemäß Artikel 6 und 7 innerhalb der einmonatlichen Frist nicht erklären, daß sie auf Ausgleichung bestehen.

b) Dem Z und seinen Rechtsnachfolgern im Besitze der Grundstücke a, b, c und d steht das im Hypothekenbuche eingetragene Vorkaufsrecht bezüglich des Grundstücks e in der Weise zu, daß das Vorkaufsrecht nur ausgeübt werden darf, solange das Eigenthum der Grundstücke a, b, c und d in einer Hand vereinigt ist. Z kann das Grundstück a zu Industriezwecken oder als Bauplatz um 3000 M. verkaufen, während das Vorkaufsrecht für seine genannten Grundstücke nur wenig Werth hat. Diese Grundstücke sind zusammen 15000 M. werth und erleiden durch Abtrennung des Vorkaufsrechtes eine Werthminderung von 2000 M. Da diese Werthminderung verhältnißmäßig gering ist, kann die Aufhebung des Vorkaufsrechtes gegen Ausgleichung der Werthminderung zu 2000 M. in Geld oder durch ein anderes Grundstück von mindestens gleichem Werthe für unschädlich erklärt werden. Hiedurch erlischt das Vorkaufsrecht nicht nur für das Grundstück a, sondern wegen Trennung des Eigenthums auch für die Grundstücke b, c und d.

Würde dagegen das Vorkaufsrecht dem jeweiligen Eigenthümer der Grundstücke a, b, c und d allgemein ohne die angeführte Einschränkung zustehen, so würde es nur für das Grundstück a aufgehoben werden, dagegen für die Grundstücke b, c und d bestehen bleiben.

Artikel 16. **Rückwirkende Kraft.**

Die Vorschriften der Artikel 1 bis 15 gelten auch für Verfügungen, die vor dem Inkrafttreten dieses Gesetzes erfolgt sind.

E. 195. M. 201. I 538. II 139. B. 59. B.Abg. 633. Becher 92. 180. 219.

Die rückwirkende Kraft erstreckt sich auf alle vor dem 18. Juni 1898, an welchem Tage das Gesetz im Ges. u. V.Bl. erschienen ist, geschehenen Veräußerungen, soweit sie zwar notariell beurkundet, aber noch nicht hypothekenamtlich vollzogen sind, also insbesondere auch auf alle früheren Grundabtretungen, die Mangels Zustimmung der Hypothekgläubiger bisher nicht vollzogen werden konnten. Da die Rechtslage die gleiche ist, ist auch die gleiche Behandlung dieser noch unvollzogenen älteren Verträge und der künftigen angezeigt.

Beispiel:

A hat von seinem Grundstück x zu 0,224 ha, welches mit seinem Anwesen und anderen Grundstücken zu zusammen 4,165 ha im Gesammtwerth von 14000 M. verpfändet ist, schon im Jahre 1894 eine Fläche von 0,170 ha = 50 Dezimalen an B um 600 M. veräußert, die notarielle Kaufvertragsurkunde ist aber bisher unvollziehbar, weil zwar die übrigen Hypothekgläubiger die verkaufte Fläche frei gegeben haben, eine gleiche Erklärung aber von dem längst verschollenen N. N., für welchen seit 1858 Anspruch auf Wohnung und lebenslänglichen Unterhalt auf dem Anwesen einschließlich des Grundstücks x im Hypothekenbuch eingetragen ist, nicht beigebracht werden kann und eine Einleitung des Aufgebotsverfahrens wegen der damit verbundenen Kosten nicht beantragt worden ist. Auf Grund Artikel 6 des Ges. vom 18. Juni 1898, die Vorbereitung der Anlegung des Grundbuchs in den Landestheilen r. d. Rh. betreffend, kann jetzt zwar die aus Plan Nr. x wegverkaufte Fläche zu 0,170 ha, insoferne sie eine eigene Plan-Nummer erhalten hat — aber auch nur unter dieser Voraussetzung — vom Hypothekenbuchblatt des A abgeschrieben und der Besitztitel auf B berichtigt werden, gleichzeitig müßten aber die Ansprüche des N. N. als Verbandhypothek darauf eingetragen werden. Da hiemit dem B wenig genützt wäre, ist nicht nur A als Eigenthümer des Grundstücks x sondern auch B als Eigenthümer des Trennstücks (s. Artikel 4 Note 2) zu dem Antrage berechtigt, die im Jahre 1894 erfolgte Veräußerung der Fläche von 0,170 ha aus Plan Nr. x um 600 M., weil mit Rücksicht auf den Umfang und Werth des übrigen Besitzthums des A die Werthminderung, welche Plan Nr. x erleidet, nach Umfang und Werth verhältnißmäßig gering ist, für den Hypothekgläubiger N. N. für unschädlich zu erklären, wobei sich in Anwendung des Artikel 7 empfiehlt, den N. N. zur Erklärung auffordern zu lassen, ob er eine Ausgleichung verlangt, da wegen dessen Verschollenheit voraussichtlich eine solche Erklärung seinerseits nicht abgegeben werden wird und die Abtrennung dann ohne Ausgleichung für unschädlich erklärt werden kann.

S. auch Anhang II Beispiel IV.

Artikel 17. Anwendbarkeit auf die Entschädigung für abgebrannte Gebäude.

Soll zum Ersatz eines abgebrannten Gebäudes auf einem anderen Grundstück ein Gebäude errichtet werden, so wird die Entschädigungssumme von den Rechten der Hypotheken-, Grundschuld- und Rentenschuldgläubiger ohne Einwilligung der Gläubiger frei, wenn von dem Amtsgerichte, bei welchem das Grundbuch für das belastete Grundstück geführt wird, festgestellt ist, daß der Wiederaufbau auf dem anderen Grundstücke für die Gläubiger unschädlich ist [1]).

Die Feststellung der Unschädlichkeit darf nur erfolgen, wenn die Rechte der Gläubiger in der bestehenden Rangordnung sich auf das andere Grundstück erstrecken oder auf dieses erstreckt werden. Ist das Grundstück mit Rechten belastet, welche den Rechten der Gläubiger im Range vorgehen, so darf die Feststellung erfolgen, wenn die vorhergehenden Belastungen durch den Werth, den das Grundstück als Baustelle hat, offenbar gedeckt werden [2]).

Die Vorschriften des Artikel 4 Abs. 1, 2, des Artikel 5 Abs. 1, 2, des Artikel 8 und des Artikel 9 Abs. 1 finden entsprechende Anwendung [3]).

E. 195. M. 201. I 523. 538. II 139. B. 59. B.Abg. 634. Pr.R.R. 681. B.R.R. 481. Becher 97. 180 ff. 219 ff. 232 e. 243.

1. Siehe Artikel 120 Abs. 2 Ziff. 3 E.G. z. B.G.B.*) und § 1128 B.G.B.

Dem Hypothekgläubiger steht ein gesetzliches Pfandrecht an der Versicherungssumme zu, welche an Stelle des ihm verpfändeten Gebäudes tritt, weshalb nach den Vorschriften über das Forderungspfandrecht (§ 1281 B.G.B) eine Auszahlung der Versicherungssumme nur an den Versicherten und die Hypothekgläubiger gemeinschaftlich erfolgen könnte und stets die ausdrückliche Zustimmung der Hypothekgläubiger nöthig wäre, wenn die Auszahlung an den Versicherten allein erfolgen sollte. Zur Erleichterung für den Versicherer d. i. die Versicherungsgesellschaft läßt § 1128 B.G.B. bei Erfüllung bestimmter Voraussetzungen die Auszahlung der Versicherungssumme an den Versicherten allein seitens des Versicherers unter definitiver Befreiung von seiner Schuld zu; diese Voraussetzungen sind:

a) die Benachrichtigung der im Gr.B. eingetragenen Hypothekgläubiger von dem Eintritt des Schadens seitens des Versicherten oder des Versicherers, wobei der Grundsatz der Publizität einer im Gr.B. eingetragenen Hypothek auch dem Versicherer gegenüber gilt und die Anzeige nur unterbleiben darf, wenn sie

*) Seite 3.

unthunlich ist z. B. bei Ableben des Berechtigten und Unbekanntsein seiner Erben;

b) Ablauf eines Monats seit der Benachrichtigung, ohne daß ein Gläubiger Widerspruch erhoben hat; bei Unthunlichkeit der Anzeige wird der Monat von dem Zeitpunkt an berechnet, in welchem die Versicherungssumme fällig wird.

Sind diese Erfordernisse erfüllt, so wird die stillschweigende Zustimmung der Hypothekgläubiger zur Auszahlung an den Grundstückseigenthümer allein angenommen und der Versicherer dadurch gedeckt, gleichviel wie der Eigenthümer nachher das Geld verwendet. (Staudinger Anm. zu § 1128.)

Der Artikel 120 Abs. 2 Ziff. 3 E.G. z. B.G.B., auf welchen sich gegenwärtiger Artikel 17 stützt, gestattet nun den Landesgesetzen zu bestimmen, daß in den Fällen des § 1128 B.G.B. der Anspruch des Eigenthümers auf die Versicherungssumme durch ein Unschädlichkeitszeugniß von den Rechten der Hypothekgläubiger an die Versicherungssumme frei wird.

Auf andere Berechtigte als die in § 1128 B.G.B. angeführten Hypothekengläubiger, welchen die Grundschuld- und Rentenschuldgläubiger künftig gleichgestellt sind, bezieht sich aber der Artikel nicht. (Vergl. Artikel 39 mit Artikel 3 Ziff. 5—7 des Brandversich.-Ges. vom 3. April 1875.)

Das im Artikel 39 des Brandversich.Ges. aufgestellte Erforderniß der distriktspolizeilichen Bewilligung bleibt unberührt (M. 202).

2. Es muß, ohne daß es weiterer eingehender Werthsermittelungen bedarf, jeder Zweifel über die Deckung der vorgehenden Belastung ausgeschlossen sein; die Gewißheit, daß die bereits eingetragenen Rechte, zu denen übrigens Reallasten nicht zu rechnen sind, durch den Werth der Baustelle allein gedeckt sind, muß evident sein und es muß weiters klar sein, daß die anderen Berechtigten, deren Rechte auf das neue bereits belastete Grundstück erstreckt werden, dadurch nicht geschädigt werden, weil die Sicherheit der auf den Neubau zu erstreckenden Hypotheken nur durch den Werth des Gebäudes allein, nicht auch durch Einrechnung des Werthes der neuen Baustelle gedeckt werden darf und bei ungenügender Sicherheit der letzteren für die darauf bereits eingetragenen älteren Rechte der Gebäudewerth theilweise für letztere absorbirt werden würde. (B. 59. Bay. Not.Ztg. 1898 S. 115.)

3. Zu dem Antrage ist nur der Eigenthümer des abgebrannten Gebäudes, nicht etwa die Versicherungsgesellschaft berechtigt. Der Antragsteller hat das Grundstück, auf welchem das Gebäude bisher gestanden, und das Grundstück, auf welchem das neue Gebäude errichtet werden soll, zu bezeichnen und einen von der Messungsbehörde angefertigten Plan sowie den baupolizeilich genehmigten Plan mit einer Schätzung oder Kostenvoranschlag für das neu zu errichtende Gebäude vorzulegen, da er natürlich nicht für ein dreistöckiges Zinshaus eine einstöckige Hütte bauen darf. Dagegen ist die Vorlage eines amtlichen Nachweises der Größe beider Grundstücke nicht erforderlich, weil nicht die Brandstätte sondern nur die Versicherungssumme von den Rechten der Hypothekgläubiger ohne deren Einwilligung frei wird, diese Rechte also nach wie vor auf der Brandstätte d. i. dem Grundstücke eingetragen bleiben, bis etwa die Gläubiger nach Transferirung ihrer Rechte auf das neue Gebäude die Brandstelle aus dem Pfandverbande frei geben. Dagegen ist, wenn die neue Baustelle bereits mit Rechten belastet ist, welche den darauf zu erstreckenden Rechten der Hypothek-Gläubiger im Range vorzugehen haben, eine amtliche Schätzung der Baustelle mitvorzulegen.

Das Gericht hat über den Werth des abgebrannten und des neu zu errichtenden Gebäudes an der Hand der vorgelegten Belege, wenn erforderlich durch Einvernehmung von Sachverständigen die nöthigen Erhebungen zu pflegen und darf das Unschädlichkeitszeugniß nur ausstellen, wenn nachgewiesen ist, daß das neu zu erbauende oder vielleicht bereits erbaute Gebäude mindestens die gleiche Sicherheit für die Hypothekgläubiger bietet wie das abgebrannte Gebäude. Dagegen ist es nicht nothwendig, daß das neue Gebäude auch den gleichen Werth haben muß, wie das abgebrannte gehabt hat. Wenn das abgebrannte Gebäude 100,000 M. werth war und mit 50,000 M. Hypotheken belastet ist, wird auch das neue Gebäude mindestens einen Werth von 100,000 M. erhalten müssen, um die gleiche Sicherheit zu bieten; betragen aber die Hypotheken nur 20,000 M., so wird ein Werth von 40—50,000 M. für die Sicherheit der Hypothekgläubiger vollständig genügen.

Ist die Baustelle bereits mit 5000 M. Hypothek belastet, so darf die Feststellung, daß der Wiederaufbau des abgebrannten Gebäudes im Werthe von 100,000 M. auf dieser Baustelle für die Gläubiger unschädlich ist, nur erfolgen, wenn das Grundstück, auf welches das Gebäude erbaut werden soll, als solches d. i. ohne Rücksicht auf das darauf zu errichtende Gebäude mindestens 5000 M. werth ist, was ohne weiteres angenommen werden darf, wenn diese 5000 M. der Kaufpreis für die Baustelle sind und keine besonderen Verhältnisse vorliegen, welche die Annahme einer eingetretenen Preisminderung rechtfertigen.

Das Unschädlichkeitszeugniß ist dahin auszustellen, daß der Wiederaufbau des Gebäudes auf dem Grundstücke x für die Hypotheken a, b und c unschädlich ist, wenn das Gebäude nach dem vorgelegten Plan fertig gestellt und die Hypotheken a, b und c in ihrer bisherigen Rangordnung darauf eingetragen werden oder, wenn dies schon geschehen ist, eingetragen bleiben. Die Wirksamkeit des Unschädlichkeitszeugnisses tritt also auch hier erst ein, wenn die Erfüllung der Bedingung, unter welcher es ertheilt ist, nachgewiesen ist; hiebei ist die Fertigstellung des Gebäudes durch ein amtliches Zeugniß der Polizeibehörde oder ein Gutachten eines verpflichteten Sachverständigen und die Erstreckung der Hypotheken durch einen Auszug aus dem Grundbuchblatte nachzuweisen.

Artikel 18.[1]

Anwendbarkeit auf die Entschädigung für die Zwangsenteignung.

Der Anspruch auf die Entschädigung[2] für die im öffentlichen Interesse erfolgende Entziehung, Beschädigung oder Benützung eines Grundstücks, der Theilfläche eines solchen oder eines Zubehörstücks, Beschränkung des Eigenthums oder Entziehung oder Beschränkung eines Rechtes der im Artikel 15 bezeichneten Art[3]) wird von den Rechten Dritter frei, wenn von dem im Artikel 1 und Artikel 14 Abs. 4 bezeichneten Gerichte festgestellt ist, daß die Befreiung für die Berechtigten unschädlich ist.[4])

Die Befreiung des Anspruchs steht der Aufhebung eines Rechtes der im Artikel 15 bezeichneten Art gleich.[5])

I 446. 523. 538. II 139. B. 41. 60. B.Abg. 634. Pr. R.R. 682. B.R.R. 483. Becher 40. 93. 146. 182. 221. 244.

1. Dieser im Regierungsentwurf nicht enthalten gewesene Artikel 18 ist auf Anregung des Ausschusses der Kammer der Abgeordneten während dessen Verhandlungen von der k. Staatsregierung zur Einschaltung vorgeschlagen worden und stützt sich auf Artikel 120 Abs. 2 Nr. 3*) und Artikel 52 E.G. z. B.G. Letztere Bestimmung lautet:

> Ist auf Grund eines Reichsgesetzes dem Eigenthümer einer Sache wegen der im öffentlichen Interesse erfolgenden Entziehung, Beschädigung oder Benutzung der Sache oder wegen Beschränkung des Eigenthums eine Entschädigung zu gewähren und steht einem Dritten ein Recht an der Sache zu, für welches nicht eine besondere Entschädigung gewährt wird, so hat der Dritte, soweit sein Recht beeinträchtigt wird, an dem Entschädigungsanspruche dieselben Rechte, die ihm im Falle des Erlöschens seines Rechtes durch Zwangsversteigerung an dem Erlöse zustehen.

Siehe hiezu Artikel 109 E.G. z. B.G., welcher lautet:

> Unberührt bleiben die landesgesetzlichen Vorschriften über die im öffentlichen Interesse erfolgende Entziehung, Beschädigung oder Benutzung einer Sache, Beschränkung des Eigenthums und Entziehung der Beschränkung von Rechten. Auf die nach landesgesetzlicher Vorschrift wegen eines solchen Eingriffs zu gewährende Entschädigung finden die Vorschriften der Artikel 52, 53 Anwendung, soweit nicht die Landesgesetze ein anderes bestimmen.

Durch den Vorbehalt des Artikel 109 E.G. z. B.G.B. sind die Bestimmungen des Zwangsenteignungsgesetzes vom 17. Novbr. 1837 aufrecht erhalten; zu letzterem s. Art. 5 des Entwurfs eines Gesetzes, die durch die Einführung d. B.G.B. veranlaßten Aenderungen der seit 1818 erlassenen Gesetze betr.

2. Nach Artikel XI des Zwangsenteignungsgesetzes vom 17. November 1837 gehen, wenn ein mit Rechten belastetes Grundstück oder ein Theil eines solchen im Wege der Zwangsenteignung veräußert wird, diese Rechte auf den Entschädigungsanspruch über, welcher

---

*) Seite 3.

an Stelle des Grundstücks oder Grundstücktheiles tritt. Dieser Anspruch kann auf Grund des gegenwärtigen Artikels von den Rechten, die auf ihn übergehen, durch das Unschädlichkeitszeugniß befreit werden, weil das Rechtsverhältniß im Wesentlichen das nämliche ist wie im Falle des Artikel 15, in dem ein mit einem Grundstück verbundenes Recht abgetrennt wird.

3. Dagegen fallen persönliche Nutzungsrechte oder Dienstbarkeiten (z. B. Nießbrauch, persönliches Weiderecht § 1030, 1090 B.G.B.) nicht unter das Gesetz, weil solche Nutzungsrechte einer Veränderung eines Theils der Fläche in der Regel nicht im Wege stehen und eine Regelung derselben nur im Wege der Ablösung möglich wäre (I 524. Becher 94).

4. Einzelne Fälle der Zwangsenteignung:

Entziehung eines Grundstücks, der Theilfläche eines solchen oder eines Zubehörstücks liegt vor, wenn das Eigenthum hieran abgetreten werden muß, z. B. zum Bau einer Straße, einer Eisenbahn, eines Kanals, eines öffentlichen Hafens u. s. f.;

Beschädigung, wenn ein Grundstück ganz oder theilweise seiner Bestimmung entzogen, ein Zubehör desselben z. B. ein Gebäude eingerissen und zerstört wird zu Zwecken der Landesvertheidigung oder Befestigung oder in den Fällen des öffentlichen Nothstandes (Abholzung eines Waldes in der Nähe von Festungen, Ziehen von Schutzgräben bei Moor- und Waldbränden u. s. f.);

Benützung eines Grundstücks bei Aufstellung von Staatstelegraphen und Telephonleitungen, Schutzvorrichtungen gegen Feuer- oder andere Gefahr, Ueberschwemmung u. s. f.;

Beschränkung des Eigenthums bei Beschwerung des Grundeigenthums mit einer Dienstbarkeit zu öffentlichen Zwecken, z. B. Wasserdurchlässe und Wassergräben bei Bahndämmen mit dem Rechte des Wasserablaufes in oder über angrenzende Grundstücke;

Entziehung oder Beschränkung eines Rechtes an einem fremden Grundstücke bei Regelung des Laufes und Schiffbarmachung von Strömen und Flüssen, wobei Fischerei- und Grasereirechte entzogen oder beschränkt werden, oder Verlegung von Straßen, wobei Weiderechte und andere Grunddienstbarkeiten sowie Vorkaufsrechte ganz oder theilweise in Mitleidenschaft kommen.

In allen diesen und ähnlichen vom Zwangsabtretungsgesetze vorgesehenen Fällen hat der Grundeigenthümer volle Entschädigung nach den näheren Bestimmungen des Gesetzes zu erhalten und zwar sowohl dann, wenn er in Anerkennung seiner Abtretungsverpflichtung die Abtretung, Belastung oder Benützung des Grundstücks zum öffentlichen Zwecke sofort gestattet hat, wie nicht minder auch dann, wenn diese Verpflichtung bei seiner Weigerung erst im Wege des administrativen Expropriationsverfahrens festgestellt worden ist. Aber nicht nur diese Ansprüche des Grundeigenthümers auf die Entschädigung für Entziehung oder Beschränkung seines Rechtes, sondern ebenso auch die Entschädigungs- oder Ablösungsansprüche derjenigen, welche nutzbare Rechte auf dem zum öffentlichen Zwecke entwertheten Grundstücke oder Grundstückstheile haben, z. B. Weiderechte auf einem zu einer Straße oder einer Eisenbahn abgetretenen Grundstücke, können durch ein Unschädlichkeitszeugniß von den Rechten Dritter befreit werden.

Z. B. A hat als Besitzer des Anwesens H für sich und seine Besitznachfolger das auf dem Grundbuchblatte seines Anwesens gesicherte Recht, auf den Grundstücken a, b, c und d des B eine Heerde von 120 Stück Schafen weiden zu lassen; B tritt von seinem Grundstück a zum Bau einer Eisenbahn eine Theilfläche von 10 Dezimalen = 0,032 ha um 300 M. eigenthümlich ab und zwar frei von dem darauf lastenden Weiderechte des A, wozu er nicht nur der Zustimmung des A sondern auch der Zustimmung dessen Hypothekgläubiger C und D bedarf (§ 876 B.G.B*). Seinen eigenen Hypothekgläubigern M und N gegenüber kann B die Abtrennung der Theilfläche bei Vorliegen der gesetzlichen Voraussetzungen für unschädlich erklären lassen, die Zustimmung des A jedoch zur Abtrennung des Weiderechtes kann er durch ein Unschädlichkeitszeugniß nicht ersetzen, weil es sich um eine auf dessen Anwesen lastende Grunddienstbarkeit handelt, auf welche sich gegenwärtiges Gesetz nicht erstreckt. Wenn aber diese Zustimmung des A in rechtsförmlicher Form vorliegt, kann die Zustimmung der Hypothekgläubiger C und D desselben zur Abtrennung des Weiderechtes durch ein Unschädlichkeitszeugniß ersetzt werden, insoferne die Abtrennung des Weiderechtes von der Theilfläche zu 0,032 ha aus Plan Nr. a für die Forderungen dieser Hypothekgläubiger unschädlich ist, d. h. das ihnen verpfändete Weiderecht entweder für ihre Sicherheit überhaupt ohne Einfluß ist oder das Weiderecht auf dem Restgrundstücke a und den übrigen Grundstücken b, c und d noch die gleichen Erträgnisse für eine Heerde von 120 Stück Schafen bietet wie bisher. In dem einen wie anderen Falle wird durch das Unschädlichkeitszeugniß der Anspruch des B auf die Entschädigung zu 300 M. von den Rechten des A und seiner Hypothekgläubiger C und D hierauf frei.

Selbstverständlich ist auch hier, wenn durch die Entziehung oder Beschränkung eines Rechtes an einem fremden Grundstücke eine Werthminderung von über 50 M. eintritt, diese Werthminderung durch Geld oder ein anderes Grundstück, auf welches das abgetrennte Recht zu erstrecken ist, auszugleichen; da aber in einem solchen Falle für gewöhnlich die Berechtigten an einer Ausgleichung wohl wenig oder gar kein Interesse haben werden, empfiehlt sich für den Antragsteller, in Anwendung der Artikel 6 oder 7 die Berechtigten zur Erklärung auffordern zu lassen, ob sie Ausgleichung verlangen.

Der Antrag ist in obigem Beispiel von B als Eigenthümer der abzutretenden Theilfläche aus seinem Grundstücke a bezüglich seiner Hypothekgläubiger M und N zu stellen, dagegen von A als Eigenthümer des weideberechtigten Anwesens H bezüglich der Abtrennung des Weiderechtes gegenüber seinen Hypothekgläubigern C und D.

5. In Konsequenz des Artikel 15; die dort genannten Berechtigten können in die Lage kommen, im Wege der Zwangsenteignung ihr Recht zu verlieren z. B. Fischerei- und Grasereiberechtigte durch eine Flußkorrektion, und ist auch in Bezug auf ihre Rechte die Befreiung des für letztere zu leistenden Entschädigungsanspruchs von den Rechten

---

§ 876 B.G.B. siehe Seite 67.

Dritter durch ein Unschädlichkeitszeugniß zulässig (B. Abg. 635. Becher 221).

Artikel 19. Uebergangsbestimmungen.

Bis zu dem Zeitpunkt, in welchem das Grundbuch als angelegt anzusehen ist,[1]) ist für die Feststellung der Unschädlichkeit in den Landestheilen rechts des Rheins, unbeschadet der Vorschrift des Artikel 14 Abs. 4, das Amtsgericht, bei welchem das Hypothekenbuch für das Grundstück geführt wird,[2]) in der Pfalz das Amtsgericht, in dessen Bezirke das Grundstück belegen ist, zuständig.

Soweit es nach Artikel 6 Abs. 2, Artikel 9 Abs. 2 und Artikel 12 Abs. 2 Satz 2 auf Eintragungen im Grundbuch ankommt, treten in den Landestheilen rechts des Rheins an deren Stelle die entsprechenden Eintragungen im Hypothekenbuche.

In der Pfalz[3]) gelten als Hypotheken auch die Vorzugsrechte[4]) und als eingetragene Rechte diejenigen, welche im Hypothekenregister eingeschrieben sind.[5]) Der Antragsteller hat einen Hypothekenauszug vorzulegen; die Ergänzung des Auszugs ist erforderlichen Falles durch das Amtsgericht zu veranlassen. Die Ausgleichung der Werthminderung durch ein anderes Grundstück findet nicht statt.[6]) Das Unschädlichkeitszeugniß ersetzt die Bewilligung der Berechtigten zu der Löschung[7]) ihrer Rechte an dem Trennstücke. Die Vorschriften des Artikel 9 Abs. 2, des Artikel 12 Abs. 2 Satz 2 und des Artikels 17 bleiben außer Anwendung. Besteht wegen einer durch ein Vorzugsrecht gesicherten Forderung auch ein Auflösungsrecht,[8]) so erlischt in Ansehung des Trennstücks mit dessen Befreiung von dem Vorzugsrecht auch das Auflösungsrecht.

E. 195. M. 202. I 439 ff. 524. 539. II 139 ff. B. 41. 60. B. Abg. 619 ff. 635 ff. Pr. R.R. 682. B. R.R. 484 ff. Becher 25 ff. 94. 95. 131. 183. 190. 223. 232 ff. 245.

1. Vergl. Artikel 186 und 189 E.G. z. B.G.B. und § 82 G.B.O.

2. Zuständig für die Feststellung der Unschädlichkeit ist nach Artikel 1 nicht das Grundbuchamt als solches, sondern das Amtsgericht, bei welchem das Grundbuch geführt wird, daher für die Uebergangszeit auch nicht das Hypothekenamt als solches, sondern das Amtsgericht bei welchem das Hypothekenbuch geführt wird. Es kann also von der Justizverwaltung oder in Ermangelung einer allgemeinen Anordnung

von dem Amtsgerichtsvorstand die Erledigung des Unschädlichkeitsverfahrens als einer besonderen Angelegenheit der freiwilligen Gerichtsbarkeit entweder dem Hypothekenbeamten als besonderes Referat neben dem Hypothekenamte oder auch einem anderen Amtsrichter zugewiesen werden.

3. Auch die Bestimmungen des Abs. 3 gelten nur für die Uebergangszeit, da die Eingangsworte des Artikels „bis zu dem Zeitpunkte" sich auf den Gesammtinhalt des Artikels erstrecken.

4. Das sind die Privilegien nach Art. 2095 des Code civil.

5. Zur Uebereinstimmung mit der Ausdrucksweise der Vormundschaftsnovelle vom 16. April 1888, welche keine Eintragung sondern eine Einschreibung der Vorzugsrechte anordnet.

6. Die Besonderheiten des pfälzischen Rechtes, dem der Schutz des gutgläubigen Erwerbes von Rechten an Grundstücken unbekannt ist, bringen es mit sich, daß die Ausgleichung der Werthminderung durch ein anderes Grundstück ausgeschlossen werden muß. (Motive S. 202.)

7. Vergl. Art. 2160 des Code civil, wonach zur Löschung eines eingeschriebenen Rechtes außer der Einwilligung der Parteien noch ein eigener Ausstreichungsbefehl des Gerichtes an den Hypothekenbewahrer erforderlich ist, welcher Befehl wie die Einwilligung der Parteien durch das Unschädlichkeitszeugniß ersetzt wird.

8. Da das für gewisse Forderungen neben dem Vorzugsrecht noch bestehende Auflösungsrecht d. i. ein Rückfallsrecht, wenn die Forderung nicht berichtigt wird, denselben Zweck wie das Vorzugsrecht nämlich Sicherung der Forderung hat, kann es nach Löschung des Vorzugsrechtes nicht fortbestehen, sondern muß ebenso wie das Vorzugsrecht von dem Unschädlichkeitszeugniß betroffen werden.

Artikel 20. **Ausschließung der Wirksamkeit des Gesetzes für die Bodenzinse.**

Die Vorschriften dieses Gesetzes finden keine Anwendung auf die Bodenzinse, für welche die Vorschriften des Artikel 15 des Gesetzes vom 28. April 1872, die Grundentlastung betreffend, gelten.

E. 195. M. 202. I 525. 539. II 140. B. 61. B.Abg. 620. 636. Becher 95. 184. 224.

Eine Ausdehnung des Gesetzes auf die Bodenzinse enthielte eine Abänderung des Ablösungsgesetzes von 1872 und ist auch nicht veranlaßt, weil die Bodenzinse der Ablösungskasse theilbar sind und in allen Fällen getheilt werden, wenn von dem damit belasteten Anwesen oder Grundstücke ein Theil abgetrennt wird.

Siehe Einl. S. 11.

Artikel 21.

Kosten.

Für die Entscheidung, einschließlich des Verfahrens, über Anträge auf Feststellung der Unschädlichkeit werden drei Zehntheile der Sätze des § 8 des Reichs-Gerichtskostengesetzes bis zum Meistbetrage von zwanzig Mark erhoben.[1])

Erfolgt die Veräußerung oder die Aufhebung eines Rechtes unentgeltlich zu einem öffentlichen Zwecke, so kommt die im Abs. 1 bestimmte Gebühr nicht in Ansatz.

Für das Vertheilungsverfahren nach Artikel 12 gelten in Ansehung der Gebühren und Auslagen dieselben Vorschriften wie für das Vertheilungsverfahren[2]) im Falle der Zwangsenteignung.

E. 195. M. 202. I 525. 539. II 140. B. 61. B.Abg. 636. Becher 96. 185. 225.

1. Die Bewerthung erfolgt aus dem Werthbetrag des Trennstücks, nicht des ganzen Grundstücks d. i. also aus der Werthminderung, im Falle des Artikels 14 Abs. 2 aus dem Werthbetrag des einzelnen Grundstücks, im Falle des Artikels 15 aus dem Werthe des aufzuhebenden Rechtes, im Falle des Artikels 18 aus der Entschädigungssumme für die Zwangsenteignung.

Es sind zu entrichten:

bei einem Werthe bis zu 20 ℳ einschl.	0,30 ℳ
von mehr als 20 ℳ bis 60 „ „	0,80 „
„ 60 „ „ 120 „ „	1,40 „
„ 120 „ „ 200 „ „	2,30 „
„ 200 „ „ 300 „ „	3,30 „
„ 300 „ „ 450 „ „	4,50 „
„ 450 „ „ 650 „ „	6,00 „
„ 650 „ „ 900 „ „	7,80 „
„ 900 „ „ 1200 „ „	9,60 „
„ 1200 „ „ 1600 „ „	11,40 „
„ 1600 „ „ 2100 „ „	13,20 „
„ 2100 „ „ 2700 „ „	15,00 „
„ 2700 „ „ 3400 „ „	16,80 „
„ 3400 „ „ 4300 „ „	18,60 „
über 4300 „	20,— „

Das Verfahren und die Ausstellung des Unschädlichkeitszeugnisses im Falle des Artikel 17 erfolgt auf Grund Artikel 92 des Ges. vom 3. April 1875 über die Brandversicherungsanstalt für Gebäude, gebührenfrei. (Motive S. 202.)

2. Nicht schon für die Hinterlegung des Ausgleichungsbetrags nach Artikel 3, welche unter die Pauschalgebühr des Abs. 2 fällt, neben welcher jedoch noch die Depositalgebühr auf Grund der A. V. vom 17. Dezember 1882, die Erhebung von Depositalgebühren betr., zu erheben ist.

3. S. Art. 5 Abs. 3, Art. 10 Ziff. 2 und Art. 15 des Geb.-Ges. vom 18. August 1879 in der neuen Redaktion vom 6. Juli 1892.

Anhang I.

Vergleichende Zusammenstellung

des

Entwurfes eines Gesetzes, das Unschädlichkeitszeugniß betreffend, mit den hierüber vom XVII. (besonderen) Ausschusse der Kammer der Abgeordneten in erster und zweiter Lesung gefaßten Beschlüssen und dem Gesetzestexte.

Regierungsvorlage.

Entwurf eines Gesetzes, das Unschädlichkeitszeugniß betreffend.

Im Namen Seiner Majestät des Königs.

Seine Königliche Hoheit Prinz Luitpold, des Königreichs Bayern Verweser, haben nach Vernehmung des Staatsraths mit Beirath und Zustimmung der Kammer der Reichsräthe und der Kammer der Abgeordneten und in Ansehung der Artikel 11 bis 13 unter Beobachtung der in Tit. X § 7 der Verfassungsurkunde vorgeschriebenen Formen beschlossen und verordnen, was folgt:

Artikel 1.

Wird eine Theilfläche eines Grundstücks, das mit Hypotheken, Grundschulden, Rentenschulden oder Reallasten belastet ist, veräußert, so wird das Trennstück ohne Einwilligung der Berechtigten von den Belastungen frei, wenn von dem Amtsgerichte, bei welchem das Grundbuch für das Grundstück geführt wird, festgestellt ist, daß die Veräußerung für die Berechtigten unschädlich ist.

Artikel 2.

Die Feststellung der Unschädlichkeit darf nur erfolgen, wenn die durch die Veräußerung des Trennstücks entstehende Verringerung des Umfanges und des Werthes des Grundstücks im Verhältnisse zu dem Umfange und dem Werthe des übrigen Theiles des Grundstücks eine geringe ist und die Werthminderung in Geld oder durch ein anderes Grundstück ausgeglichen wird. Erstreckt sich die Belastung auf andere Grundstücke, so gelten diese im Verhältnisse zu

Beschlüsse erster Lesung.

Entwurf eines Gesetzes, das Unschädlichkeitszeugniß betreffend.

Im Namen Seiner Majestät des Königs.

Seine Königliche Hoheit Prinz Luitpold, des Königreichs Bayern Verweser, haben nach Vernehmung des Staatsraths mit Beirath und Zustimmung der Kammer der Reichsräthe und der Kammer der Abgeordneten und in Ansehung der Artikel 11 bis 13, **14a** unter Beobachtung der in Tit. X § 7 der Verfassungsurkunde vorgeschriebenen Formen beschlossen und verordnen, was folgt:

Artikel 1.

Unverändert.

Artikel 2.

Die Feststellung der Unschädlichkeit darf nur erfolgen, wenn die durch die Veräußerung des Trennstücks entstehende **Minderung** des Werthes des Grundstücks im Verhältnisse zu dem Werthe des übrigen Theiles eine geringe ist, **und ist davon abhängig zu machen, daß** die Werthminderung in Geld oder durch ein anderes Grundstück ausgeglichen wird. Erstreckt sich die Belastung auf andere Grundstücke, so gelten diese im Verhältnisse zu dem Trennstücke mit dem

Beschlüsse zweiter Lesung und Plenarbeschluß d. K. d. Abgeordneten.

Ueberschrift und Einleitung unverändert.

Artikel 1.

Unverändert.

Artikel 2.

Abs. 1 unverändert.

Gesetzestext nach den Gesammtbeschlüssen beider Kammern.

Gesetz, das Unschädlichkeitszeugniß betreffend, vom 15. Juni 1898.

Im Namen Seiner Majestät des Königs.

Luitpold,

von Gottes Gnaden Königlicher Prinz von Bayern, Regent.

Wir haben nach Vernehmung des Staatsrathes mit Beirath und Zustimmung der Kammer der Reichsräthe und der Kammer der Abgeordneten und in Ansehung der Artikel 14 bis 16, 18 unter Beobachtung der in Tit. X § 7 der Verfassungsurkunde vorgeschriebenen Formen beschlossen und verordnen, was folgt:

Artikel 1.

Unverändert.

Artikel 2.

Die Feststellung der Unschädlichkeit darf nur erfolgen, wenn die durch die Veräußerung des Trennstücks entstehende Minderung des Umfanges und des Werthes des Grundstücks im Verhältnisse zu dem Umfang und dem Werthe des übrigen Theiles eine geringe ist; sie ist davon abhängig zu machen, daß die Werthminderung in Geld oder durch ein anderes Grundstück ausgeglichen wird. Erstreckt sich die Belastung auf andere Grundstücke, so gelten diese im

Regierungsvorlage.

dem Trennstücke mit dem übrigen Theile des Grundstücks zusammen als ein Grundstück.

Wird das Trennstück zu einem öffentlichen Zwecke unentgeltlich abgetreten, so wird auf die Werthminderung die Wertherhöhung angerechnet, die sich aus der dem öffentlichen Zwecke dienenden Anlage ergibt.

Die Ausgleichung ist nicht erforderlich, wenn die Werthminderung den Betrag von fünfzig Mark nicht übersteigt.

Artikel 3.

Soweit die Ausgleichung der Werthminderung in Geld erfolgt, muß der erforderliche Betrag zur Vertheilung unter die Berechtigten bei der Hinterlegungsstelle des Gerichtsbezirks hinterlegt werden. Die Hinterlegung hat mit der Bestimmung zu geschehen, daß zur Rücknahme die Ermächtigung des Amtsgerichts erforderlich ist.

Soweit die Ausgleichung durch ein anderes Grundstück erfolgt, müssen die Rechte der Berechtigten auf dieses erstreckt werden.

Im Falle der unentgeltlichen Abtretung zu einem öffentlichen Zwecke muß mit der Ausführung der den Werth des Grundstücks erhöhenden Anlage begonnen sein.

Beschlüsse erster Lesung.

übrigen Theile des Grundstücks zusammen als ein Grundstück.

Wird das Trennstück zu einem öffentlichen Zwecke unentgeltlich abgetreten, so wird auf die Werthminderung die Wertherhöhung angerechnet, die sich aus der dem öffentlichen Zwecke dienenden Anlage ergibt. Soweit die Werthminderung durch die Wertherhöhung gedeckt wird, ist eine Ausgleichung nicht erforderlich.

Die Ausgleichung der verhältnißmäßigen Werthminderung ist nicht erforderlich, wenn diese den Betrag von fünfzig Mark nicht übersteigt.

Artikel 3.

Unverändert.

Artikel 3a.

Zu dem Antrag auf Feststellung der Unschädlichkeit ist der Eigenthümer des Grundstücks berechtigt.

Beschlüsse zweiter Lesung und Plenarbeschluß d. K. d. Abgeordneten.

Wird das Trennstück zu einem öffentlichen Zwecke unentgeltlich abgetreten, so wird auf die Werthminderung die Werthерhöhung angerechnet, die sich aus der dem öffentlichen Zwecke dienenden Anlage ergibt.

Abs. 3 unverändert.

Artikel 3.

Unverändert.

Artikel 3a.

Unverändert.

Gesetzestext nach den Gesammtbeschlüssen beider Kammern.

Verhältnisse zu dem Trennstücke mit dem übrigen Theile des Grundstücks zusammen als ein Grundstück.

Abs. 2 unverändert.

Die Ausgleichung der Werthminderung ist nicht erforderlich, wenn diese den Betrag von fünfzig Mark nicht übersteigt.

Artikel 3.

Unverändert.

Artikel 4.

Unverändert.

Regierungsvorlage.	Beschlüsse erster Lesung.
	Der Antragsteller hat 1. Das Grundstück zu bezeichnen und einen von der Messungsbehörde angefertigten Plan, in welchem das Trennstück ersichtlich gemacht ist, sowie den amtlichen Nachweis der Größe des Grundstücks und des Trennstücks vorzulegen; 2. den Betrag der durch die Veräußerung des Trennstücks entstehenden Werthminderung unter Vorlage der vorhandenen Belege anzugeben; 3. zu erklären, in welcher Weise die Werthminderung, soweit erforderlich, ausgeglichen werden soll, und im Falle der Ausgleichung durch ein anderes Grundstück dieses zu bezeichnen, und dessen Belastung anzugeben. Im Falle des Artikel 2 Absatz 2 ist die auf die Werthminderung anzurechnende Wertherhöhung unter Vorlage der vorhandenen Belege anzugeben und glaubhaft zu machen, daß mit der Ausführung der Anlage begonnen ist.
Artikel 4. Auf Antrag des Eigenthümers hat das Amtsgericht den Berechtigten die bevorstehende Feststellung der Unschädlichkeit mit der Aufforderung mitzutheilen, innerhalb einer Frist von einem Monate zu erklären, ob sie auf der Ausgleichung der Werthminderung bestehen. Die Mittheilung hat die Angabe der Größe des Trennstücks und des Betrages der Werthminderung zu enthalten; als Rechtsnachtheil ist den Berechtigten anzudrohen, daß die Unschädlichkeit ihnen gegenüber ohne Ausgleichung der Werthminderung festgestellt werden würde.	Artikel 4. Fällt aus.

Beschlüsse zweiter Lesung und Plenarbeschluß d. K. d. Abgeordneten.	Gesetzestext nach den Gesammtbeschlüssen beider Kammern.
— —	— —

Regierungsvorlage.

Ist die Mittheilung an einen Berechtigten nicht thunlich, so ist die für ihn bestimmte Mittheilung an die Gerichtstafel anzuheften und einmal in das für die Bekanntmachungen des Amtsgerichts bestimmte Blatt einzurücken. Das Gleiche gilt, wenn ein Berechtigter gestorben und der Erbe dem Amtsgerichte nicht bekannt ist. Das Amtsgericht kann anordnen, daß die Veröffentlichung noch in einem anderen Blatte erfolgen soll. Die Erklärungsfrist beginnt mit dem Ablauf eines Monats seit der Einrückung, im Falle mehrfacher Einrückung seit der letzten Einrückung.

Berechtigte, die nicht im Grundbuch eingetragen sind, werden nur berücksichtigt, wenn ihre Rechte angemeldet und auf Verlangen des Amtsgerichts glaubhaft gemacht sind.

Artikel 5.

Die Feststellung der Unschädlichkeit hat, soweit die Ausgleichung der Werthminderung in Geld erfolgen soll, die Angabe des zu hinterlegenden Betrages, soweit sie durch ein Grundstück erfolgen soll, die Bezeichnung des Grundstücks und die Angabe der Belastungen zu enthalten, welche den auf das Grundstück zu erstreckenden Rechten im Range vorgehen dürfen. Die Angabe von Grunddienstbarkeiten, die nach Artikel 187 des Einführungsgesetzes zum Bürgerlichen Gesetzbuch der Eintragung nicht bedürfen, ist nicht erforderlich.

Beschlüsse erster Lesung.

Artikel 5.

Das Amtsgericht hat nach Vornahme der erforderlichen Ermittelungen über den Antrag Beschluß zu fassen.

Der Beschluß, durch welchen die Unschädlichkeit festgestellt wird (Unschädlichkeitszeugniß), hat, soweit die Ausgleichung der Werthminderung in Geld erfolgen soll, die Angabe des zu hinterlegenden Betrages, soweit sie durch ein Grundstück erfolgen soll, die Bezeichnung des Grundstücks und die Angabe der Belastungen zu enthalten, welche den auf das Grundstück zu erstreckenden Rechten im Range vorgehen dürfen. Die Angabe von Grunddienstbarkeiten, die nach Artikel 187 des Einführungsgesetzes zum Bürgerlichen Gesetzbuch der Eintragung nicht bedürfen, ist nicht erforderlich.

Beschlüsse zweiter Lesung und Plenarbeschluß d. K. d. Abgeordneten.	**Gesetzestext nach den Gesammtbeschlüssen beider Kammern.**
Artikel 5.	Artikel 5.
Unverändert.	Unverändert.

Regierungsvorlage.	**Beschlüsse erster Lesung.**
Im Falle des Artikel 3 Absatz 3 ist anzugeben, daß mit der Ausführung der Anlage begonnen ist.	Abs. 2 (nun 3) unverändert.
Im Falle des Artikel 4 sind die Berechtigten zu bezeichnen, denen gegenüber die Ausgleichung der Werthminderung nach Artikel 4 nicht erforderlich ist.	Abs. 3 fällt aus.
	Artikel 5a. Das Unschädlichkeitszeugniß kann außer dem Falle des Artikel 2 Absatz 3 ohne Ausgleichung der Werthminderung ertheilt werden, wenn die Berechtigten von dem Amtsgericht aufgefordert worden sind, innerhalb einer Frist von einem Monat zu erklären, ob sie auf der Ausgleichung bestehen, und nicht vor dem Ablaufe der Frist erklärt haben, daß sie die Ausgleichung verlangen. Berechtigte, die nicht im Grundbuch eingetragen sind, werden nur berücksichtigt, wenn sie Erben eines eingetragenen Berechtigten sind oder wenn ihre Rechte angemeldet und auf Verlangen des Amtsgerichts glaubhaft gemacht sind.
	Artikel 5b. Wird die gerichtliche Aufforderung der Berechtigten beantragt, so kann sich der Antragsteller die Erklärung darüber, in welcher Weise die Werthminderung ausgeglichen werden soll, vorbehalten, bis einer der Berechtigten die Ausgleichung verlangt hat. Die Aufforderung muß die Mittheilung, daß die Feststellung der Unschädlichkeit bevorsteht, die Angabe der Größe des Trennstücks und des Betrags der Werthminderung enthalten; als Rechtsnachtheil ist den Berechtigten an-

Beschlüsse zweiter Lesung und Plenarbeschluß d. K. d. Abgeordneten.	Gesetzestext nach den Gesammtbeschlüssen beider Kammern.
Artikel 5 a. Unverändert.	Artikel 6. Unverändert.
Artikel 5 b. Absatz 1 unverändert. Absatz 2 unverändert.	Artikel 7. Unverändert.

Regierungsvorlage.	Beschlüsse erster Lesung.
	zudrohen, daß die Unschädlichkeit ihnen gegenüber ohne Ausgleichung der Werthminderung festgestellt werden würde. Ist die Mittheilung an einen Berechtigten nicht thunlich, so ist die an ihn zu richtende Aufforderung an die Gerichtstafel anzuheften und einmal in das für die Bekanntmachungen des Amtsgerichts bestimmte Blatt einzurücken. Das Gleiche gilt, wenn ein Berechtigter gestorben und der Erbe dem Amtsgerichte nicht bekannt ist. Die Erklärungsfrist beginnt mit dem Ablauf eines Monats seit der Einrückung. In dem Unschädlichkeitszeugnisse sind die Berechtigten zu bezeichnen, denen gegenüber die Ausgleichung der Werthminderung nicht erforderlich ist.
Artikel 6. Die Feststellung der Unschädlichkeit kann nicht im Wege der Beschwerde angefochten werden.	Artikel 6. Unverändert.
Artikel 7. Die Befreiung des Trennstücks tritt in den Fällen des Artikel 5 Absatz 1 nicht vor der Hinterlegung oder der Erstreckung der Rechte auf das andere Grundstück ein. Im Falle des Arikel 4 tritt die Befreiung ohne Ausgleichung der Werthminderung nur ein, wenn die Unschädlichkeit ohne Ausgleichung gegenüber allen Berechtigten festgestellt ist, welche zur	Artikel 7. Das Unschädlichkeitszeugniß ersetzt die Bewilligung der Berechtigten zu der Löschung ihrer Rechte an dem Trennstücke. Die Wirksamkeit des Unschädlichkeitszeugnisses tritt in den Fällen des Artikel 5 Absatz 2 nicht vor der Hinterlegung oder der Erstreckung der Rechte auf das andere Grundstück ein. Im Falle des Artikel 5a ist das Unschädlichkeitszeugniß nur wirksam, wenn die Unschädlichkeit ohne Ausgleichung gegenüber allen Berechtigten festgestellt ist, welche zur Zeit der lastenfreien Abschrei-

Beschlüsse zweiter Lesung und Plenarbeschluß d. K. d. Abgeordneten.

Ist die Mittheilung an einen Berechtigten nicht thunlich, so ist die an ihn zu richtende Aufforderung an die Gerichtstafel anzuheften und einmal in das für die Bekanntmachungen des Amtsgerichts bestimmte Blatt einzurücken. Das Gleiche gilt, wenn ein Berechtigter gestorben und der Erbe dem Amtsgerichte nicht bekannt ist. Die Erklärungsfrist beginnt mit dem Ablauf von zwei Wochen seit der Einrückung.

Abs. 4 unverändert.

Artikel 6.

Unverändert.

Artikel 7.

Unverändert.

Gesetzestext nach den Gesammtbeschlüssen beider Kammern.

Artikel 8.

Unverändert.

Artikel 9.

Absatz 1 fällt weg.

Absatz 2, nun erster Absatz, unverändert.

Im Falle des Artikel 6 ist das Unschädlichkeitszeugniß nur wirksam, wenn die Unschädlichkeit ohne Ausgleichung gegenüber allen Berechtigten festgestellt ist, welche zur Zeit der lastenfreien Ab-

Regierungsvorlage.

Zeit der lastenfreien Abschreibung des Trennstücks im Grundbuch eingetragen sind.

Wird das Trennstück von einer Hypotheke, Grundschuld oder Rentenschuld befreit, so ist zur lastenfreien Abschreibung des Trennstücks die Vorlegung des Hypotheken-, Grundschuld- oder Rentenschuldbriefes nicht erforderlich.

Artikel 8.

Ist ein Geldbetrag zur Vertheilung unter die Berechtigten hinterlegt, so hat das Amtsgericht diesen die Hinterlegung mit der Aufforderung mitzutheilen, innerhalb einer Frist von einem Monate zu erklären, ob sie auf der Vertheilung des hinterlegten Betrages bestehen; als Rechtsnachtheil ist den Berechtigten anzudrohen, daß die Unterlassung der Erklärung als Verzicht auf die Rechte an dem hinterlegten Betrage angesehen werden würde. Die Vorschriften des Artikel 4 Absatz 2, 3 und des Artikel 7 Absatz 2 finden Anwendung.

Wird die Vertheilung nicht verlangt, so ist der Eigenthümer zur Erhebung des hinterlegten Betrages zu ermächtigen.

Ist die im Artikel 4 bestimmte Mittheilung erfolgt, die Unschädlichkeit aber vor dem Ablaufe der Erklärungsfrist festgestellt worden,

Beschlüsse erster Lesung.

bung des Trennstücks im Grundbuch eingetragen sind.

Artikel 7a.

Wird das Trennstück von einer Hypotheke, Grundschuld oder Rentenschuld befreit, so ist zur lastenfreien Abschreibung des Trennstücks die Vorlegung des Hypotheken-, Grundschuld- oder Rentenschuldbriefes und bei einer Hypothek für die Forderung aus einer Schuldverschreibung auf den Inhaber, aus einem Wechsel oder einem anderen Papiere, das durch Indossament übertragen werden kann, die Vorlegung der Urkunde nicht erforderlich.

Artikel 8.

Ist ein Geldbetrag zur Vertheilung unter die Berechtigten hinterlegt, so hat das Amtsgericht diesen die Hinterlegung mit der Aufforderung mitzutheilen, innerhalb einer Frist von einem Monate zu erklären, ob sie auf der Vertheilung des hinterlegten Betrages bestehen; als Rechtsnachtheil ist den Berechtigten anzudrohen, daß die Unterlassung der Erklärung als Verzicht auf die Rechte an dem hinterlegten Betrage angesehen würde. Die Vorschriften des Artikel 5a Absatz 2, des Artikel 5b Absatz 3 und des Artikel 7 Absatz 3 finden Anwendung.

Wird die Vertheilung nicht verlangt, so ist der Eigenthümer zur Rücknahme des hinterlegten Betrages zu ermächtigen.

Ist die im Artikel 5a bestimmte Aufforderung erfolgt, die Unschädlichkeit aber vor dem Ablaufe der Erklärungsfrist festgestellt

Beschlüsse zweiter Lesung und Plenarbeschluß d. K. d. Abgeordneten.

Artikel 7a.

Unverändert.

Artikel 8.

Unverändert.

Gesetzestext nach den Gesammtbeschlüssen beider Kammern.

schreibung des Trennstücks im Grundbuch eingetragen sind.

Artikel 10.

Unverändert.

Artikel 11.

Ist ein Geldbetrag zur Vertheilung unter die Berechtigten hinterlegt, so hat das Amtsgericht diesen die Hinterlegung mit der Aufforderung mitzutheilen, innerhalb einer Frist von einem Monate zu erklären, ob sie auf der Vertheilung des hinterlegten Betrags bestehen; als Rechtsnachtheil ist den Berechtigten anzudrohen, daß die Unterlassung der Erklärung als Verzicht auf die Rechte an dem hinterlegten Betrage angesehen werden würde. Die Vorschriften des Artikel 6 Abs. 2, des Artikel 7 Abs. 3 und des Artikel 9 Abs. 2 finden Anwendung.

Abs. 2 unverändert.

Ist die im Artikel 6 bestimmte Aufforderung erfolgt, die Unschädlichkeit aber vor dem Ablaufe der Erklärungsfrist festgestellt worden,

Regierungsvorlage.

so gilt der Ablauf der Erklärungsfrist als Verzicht auf die Rechte an dem hinterlegten Betrage, wenn nicht der Berechtigte vorher erklärt, daß er auf der Ausgleichung der Werthminderung bestehe.

Artikel 9.

Die Vertheilung des hinterlegten Betrages unter die Berechtigten erfolgt nach den für die Vertheilung des Erlöses im Falle der Zwangsversteigerung geltenden Vorschriften. Die Vertheilung ist erst zulässig, wenn die lastenfreie Abschreibung des Trennstücks im Grundbuch erfolgt ist.

Soweit der Eigenthümer eine Hypothek, eine Grundschuld oder eine Rentenschuld durch die Befriedigung des Gläubigers erwirbt, kann sie nicht zum Nachtheile der Rechte geltend gemacht werden, von welchen das Trennstück befreit worden ist.

Artikel 10.

Ist das Grundstück mit einem Vorkaufsrechte belastet, das sich nicht auf den Fall der ersten Veräußerung beschränkt, so finden auf die Befreiung des Trennstücks von dem Vorkaufsrechte die Vorschriften der Artikel 1 bis 6 und des Artikel 7 Absatz 1, 2 entsprechende Anwendung. Die Ausgleichung der Werthminderung in Geld ist ausgeschlossen.

Erfolgt die Veräußerung des Trennstücks im Wege des Verkaufes, so darf die Unschädlichkeit erst festgestellt werden, wenn der

Beschlüsse erster Lesung.

worden, so gilt der Ablauf der Erklärungsfrist als Verzicht auf die Rechte an dem hinterlegten Betrage, wenn nicht der Berechtigte vorher erklärt, daß er auf der Ausgleichung der Werthminderung bestehe.

Artikel 9.

Auf die Vertheilung des hinterlegten Betrages unter die Berechtigten finden die für die Vertheilung des Erlöses im Falle der Zwangsversteigerung von Grundstücken geltenden Vorschriften entsprechende Anwendung. Die Vertheilung ist erst zulässig, wenn die lastenfreie Abschreibung des Trennstücks im Grundbuch erfolgt ist.

Abs. 2 unverändert.

Artikel 10.

Ist das Grundstück mit einem Vorkaufsrechte belastet, das sich nicht auf den Fall der ersten Veräußerung beschränkt, so finden auf die Befreiung des Trennstücks von dem Vorkaufsrechte die Vorschriften der Artikel 1 bis 7 entsprechende Anwendung. Die Ausgleichung der Werthminderung in Geld ist ausgeschlossen.

Abs. 2 unverändert.

Beschlüsse zweiter Lesung und Plenarbeschluß d. K. d. Abgeordneten.	**Gesetzestext nach den Gesammtbeschlüssen beider Kammern.**
	so gilt der Ablauf der Erklärungsfrist als Verzicht auf die Rechte an dem hinterlegten Betrage, wenn nicht der Berechtigte vorher erklärt, daß er auf der Ausgleichung der Werthminderung bestehe.
Artikel 9.	Artikel 12.
Der zu vertheilende Betrag tritt für die Berechtigten an die Stelle des Trennstücks.	Unverändert.
Abs. 2 (Abs. 1 der ersten Lesung) unverändert.	
Fällt weg.	
Artikel 10.	Artikel 13.
Unverändert.	Ist das Grundstück mit einem Vorkaufsrechte belastet, das sich nicht auf den Fall der ersten Veräußerung beschränkt, so finden auf die Befreiung des Trennstücks von dem Vorkaufsrechte die Vorschriften der Artikel 1 bis 9 entsprechende Anwendung. Die Ausgleichung der Werthminderung in Geld ist ausgeschlossen.
	Abs. 2 unverändert.

Regierungsvorlage.	Beschlüsse erster Lesung.
Berechtigte von dem ihm für diesen Veräußerungsfall zustehenden Vorkaufsrechte keinen Gebrauch macht.	
Artikel 11.	Artikel 11.
Bei Familienfideikommissen, landwirthschaftlichen Erbgütern, Lehen und allodofizirten Lehen finden die Vorschriften der Artikel 3, 5, 6 und des Artikel 7 Absatz 1 auf die Befreiung des Trennstücks von den Rechten der Anwärter oder der Anerben entsprechende Anwendung. Der Veräußerung eines Trennstücks steht die Veräußerung eines einzelnen Grundstücks gleich.	Bei Familienfideikommissen, landwirthschaftlichen Erbgütern, Lehen und allodifizirten Lehen finden die Vorschriften des Artikel 3 bis 5, 6 und des Artikel 7 Absatz 1, 2 auf die Befreiung des Trennstücks von den Rechten der Anwärter oder der Anerben entsprechende Anwendung. Der Veräußerung eines Trennstücks steht die Veräußerung eines einzelnen Grundstücks gleich.
Zur Ausgleichung der Werthminderung kann auch die Forderung auf den Kaufpreis dienen, wenn das veräußerte Trennstück an erster Stelle hinter den zur Zeit der Veräußerung bestehenden Belastungen mit einer Hypothek für die Forderung belastet ist. Die Forderung sowie der zu hinterlegende Geldbetrag sind den Rechten der Berechtigten zu unterwerfen.	Zur Ausgleichung der Werthminderung kann auch die Forderung auf den Kaufpreis dienen, wenn das veräußerte Trennstück an erster Stelle hinter den zur Zeit der Veräußerung bestehenden Belastungen mit einer Hypothek für die Forderung belastet ist. Auf die Forderung oder den zu hinterlegenden Geldbetrag sind die von der Abtrennung betroffenen Rechte zu erstrecken.
Fideikommißschulden stehen den Hypotheken gleich.	Abs. 3 unverändert.
Bei Familienfideikommissen ist zur Feststellung der Unschädlichkeit das Fideikommißgericht zuständig.	Abs. 4 unverändert.
Artikel 12.	Artikel 12.
Die Vorschriften der Artikel 1 bis 11 finden auf die Aufhebung eines dem jeweiligen Eigenthümer des Grundstücks an einem anderen	Unverändert.

Beschlüsse zweiter Lesung und Plenarbeschluß d. K. d. Abgeordneten.	Gesetzestext nach den Gesammtbeschlüssen beider Kammern.
Artikel 11.	Artikel 14.
Bei Familienfideikommissen, landwirthschaftlichen Erbgütern, Lehen und allodifizirten Lehen finden die Vorschriften der Artikel 3 bis 5, 6 und des Artikel 7 Abs. 1, 2 auf die Befreiung des Trennstücks von den Rechten der Anwärter oder der Anerben entsprechende Anwendung. Fideikommißschulden stehen den Hypotheken gleich.	Bei Familienfideikommissen, landwirthschaftlichen Erbgütern, Lehen und allodifizirten Lehen finden die Vorschriften der Artikel 1 bis 5, 8 und des Artikel 9 Abs. 1 auf die Befreiung des Trennstücks von den Rechten der Anwärter oder der Anerben entsprechende Anwendung. Fideikommißschulden stehen den Hypotheken gleich.
Für die Veräußerung eines einzelnen Grundstücks gilt das Gleiche, wie für die Veräußerung eines Trennstücks.	Abs. 2 unverändert.
Zur Ausgleichung der Werthminderung kann gegenüber den Anwärtern oder den Anerben und den Fideikommißgläubigern auch die Forderung auf den Kaufpreis dienen, wenn das veräußerte Trennstück an erster Stelle hinter den zur Zeit der Veräußerung bestehenden Belastungen mit einer Hypothek für die Forderung belastet ist. Auf die Forderung oder den zu hinterlegenden Geldbetrag sind die von der Abtrennung betroffenen Rechte zu erstrecken.	Abs. 3 unverändert.
Abs. 4 unverändert.	Abs. 4 unverändert.
Artikel 12.	Artikel 15.
Unverändert.	Die Vorschriften des Artikel 1 bis 14 finden auf die Aufhebung eines dem jeweiligen Eigenthümer des Grundstücks an einem anderen

Regierungsvorlage.

Grundstücke zustehenden Rechtes entsprechende Anwendung.

Artikel 13.

Die Vorschriften der Artikel 1 bis 12 gelten auch für Verfügungen, die vor dem Inkrafttreten dieses Gesetzes erfolgt sind.

Artikel 14.

Soll ein abgebranntes Gebäude auf einem anderen Grundstücke wieder aufgebaut werden, so wird die Entschädigungssumme von den Rechten der Hypotheken-, Grundschuld- und Rentenschuldgläubiger ohne Einwilligung der Gäubiger frei, wenn von dem Amtsgerichte, bei welchem das Grundbuch für das belastete Grundstück geführt wird, festgestellt ist, daß der Wiederaufbau auf dem anderen Grundstücke für die Gläubiger unschädlich ist.

Die Feststellung der Unschädlichkeit darf nur erfolgen, wenn die Rechte der Gläubiger in der bestehenden Rangordnung sich auf das andere Grundstück erstrecken oder auf dieses erstreckt werden. Ist das Grundstück mit Rechten belastet, welche den Rechten der Gläubiger im Range vorgehen, so darf die Feststellung erfolgen, wenn die vorgehenden Belastungen durch den Werth, den das Grundstück als Baustelle hat, offenbar gedeckt werden.

Die Vorschriften des Artikel 5 Absatz 1, des Artikel 6 und des Artikel 7 Absatz 1 finden entsprechende Anwendung.

Beschlüsse erster Lesung.

Artikel 13.

Unverändert.

Artikel 14.

Abs. 1 unverändert.

Abs. 2 unverändert.

Die Vorschriften des Artikel 4*) Absatz 1, 2, des Artikel 5 Absatz 1, 2, des Artikel 6 und des Artikel 7 Absatz 1, 2 finden entsprechende Anwendung.

*) Soll richtig Artikel 3a heißen, weil Artikel 4 ausgefallen ist.

Beschlüsse zweiter Lesung und Plenarbeschluß d. K. d. Abgeordneten.	**Gesetzestext nach den Gesammtbeschlüssen beider Kammern.**
	Grundstücke zustehenden Rechtes entsprechende Anwendung.
Artikel 13.	Artikel 16.
Unverändert.	Die Vorschriften des Artikel 1 bis 15 gelten auch für Verfügungen, die vor dem Inkrafttreten dieses Gesetzes erfolgt sind.
Artikel 14.	Artikel 17.
Abs. 1 unverändert.	Soll zum Ersatz eines abgebrannten Gebäudes auf einem anderen Grundstück ein Gebäude errichtet werden, so wird die Entschädigungssumme von den Rechten der Hypotheken-, Grundschuld- und Rentenschuldgläubiger ohne Einwilligung der Gläubiger frei, wenn von dem Amtsgerichte, bei welchem das Grundbuch für das belastete Grundstück geführt wird, festgestellt ist, daß der Wiederaufbau auf dem anderen Grundstück für die Gläubiger unschädlich ist.
Abs. 2 unverändert.	Abs. 2 unverändert.
Die Vorschriften des Artikel 3a Abs. 1, 2, des Artikel 5 Abs. 1, 2, des Artikel 6 und des Artikel 7 Abs. 1, 2 finden entsprechende Anwendung.	Die Vorschriften des Artikel 4 Abs. 1, 2, des Artikel 5 Abs. 1, 2, des Artikel 8 und des Artikel 9 Abs. 1 finden entsprechende Anwendung.

Regierungsvorlage.

Artikel 15.

Bis zu dem Zeitpunkte, in welchem das Grundbuch als angelegt anzusehen ist, ist für die Feststellung der Unschädlichkeit in den Landestheilen rechts des Rheins, unbeschadet der Vorschrift des Artikel 11 Absatz 4, das Amtsgericht, bei welchem das Hypothekenbuch für das Grundstück geführt wird, in der Pfalz das Amtsgericht, in dessen Bezirke das Grundstück belegen ist, zuständig.

Soweit es nach Artikel 4 Absatz 3, Artikel 7 Absatz 2 und Artikel 9 Absatz 1 Satz 2 auf Eintragungen im Grundbuch ankommt, treten in den Landestheilen rechts des Rheins an deren Stelle die entsprechenden Eintragungen im Hypothekenbuch. Der Eigenthümer ist nicht berechtigt, für den Betrag, zu welchem eine Hypothek durch Befriedigung des Gläubigers erloschen ist, an deren Stelle eine neue Hypothek zu begründen.

Beschlüsse erster Lesung.

Artikel 14a.

Der Anspruch auf die Entschädigung für die im öffentlichen Interesse erfolgende Entziehung, Beschädigung oder Benützung eines Grundstücks, Beschränkung des Eigenthums oder Entziehung oder Beschränkung eines Rechtes der in Artikel 12 bezeichneten Art wird von den Rechten Dritter frei, wenn von dem in Artikel 1 bezeichneten Gerichte festgestellt ist, daß die Befreiung für die Berechtigten unschädlich ist.

Die Befreiung des Anspruchs steht der Aufhebung eines Rechtes der im Artikel 12 bezeichneten Art gleich.

Artikel 15.

Abs. 1 unverändert.

Soweit es nach Artikel 5a Absatz 2, Artikel 7 Absatz 3 und Artikel 9 Absatz 1 Satz 2 auf Eintragungen im Grundbuch ankommt, treten in des Landestheilen rechts des Rheins an deren Stelle die entsprechenden Eintragungen im Hypothekenbuch. Der Eigenthümer ist nicht berechtigt, für den Betrag, zu welchem eine Hypothek durch Befriedigung des Gläubigers erloschen ist, an deren Stelle eine neue Hypothek zu begründen.

Beschlüsse zweiter Lesung und Plenarbeschluß d. K. d. Abgeordneten.

Artikel 14a.

Der Anspruch auf die Entschädigung für die im öffentlichen Interesse erfolgende Entziehung, Beschädigung oder Benützung eines Grundstücks, der Theilfläche eines solchen oder eines Zubehörstücks, Beschränkung des Eigenthums oder Entziehung oder Beschränkung eines Rechtes der im Artikel 12 bezeichneten Art wird von den Rechten Dritter frei, wenn von dem im Artikel 1 und Artikel 11 Abs. 4 bezeichneten Gerichte festgestellt ist, daß die Befreiung für die Berechtigten unschädlich ist.

Abs. 2 unverändert.

Artikel 15.

Abs. 1 unverändert.

Soweit es nach Artikel 5a Abs. 2, Artikel 7 Abs. 3 und Artikel 9 Abs. 2 Satz 2 auf Eintragungen im Grundbuch ankommt, treten in den Landestheilen rechts des Rheins an deren Stelle die entsprechenden Eintragungen im Hypothekenbuch.

Gesetzestext nach den Gesammtbeschlüssen beider Kammern.

Artikel 18.

Der Anspruch auf die Entschädigung für die im öffentlichen Interesse erfolgende Entziehung, Beschädigung oder Benützung eines Grundstücks, der Theilfläche eines solchen oder eines Zubehörstücks, Beschränkung des Eigenthums oder Entziehung oder Beschränkung eines Rechtes der im Artikel 15 bezeichneten Art wird von den Rechten Dritter frei, wenn von dem im Artikel 1 und Artikel 14 Abs. 4 bezeichneten Gerichte festgestellt ist, daß die Befreiung für die Berechtigten unschädlich ist.

Die Befreiung des Anspruchs steht der Aufhebung eines Rechtes der im Artikel 15 bezeichneten Art gleich.

Artikel 19.

Bis zu dem Zeitpunkt, in welchem das Grundbuch als angelegt anzusehen ist, ist für die Feststellung der Unschädlichkeit in den Landestheilen rechts des Rheins, unbeschadet der Vorschrift des Artikel 14 Abs. 4, das Amtsgericht, bei welchem das Hypothekenbuch für das Grundstück geführt wird, in der Pfalz das Amtsgericht, in dessen Bezirk das Grundstück belegen ist, zuständig.

Soweit es nach Artikel 6 Abs. 2, Artikel 9 Abs. 2 und Artikel 12 Abs. 2 Satz 2 auf Eintragungen im Grundbuch ankommt, treten in den Landestheilen rechts des Rheins an deren Stelle die entsprechenden Eintragungen im Hypothekenbuch.

Regierungsvorlage.

In der Pfalz gelten als eingetragene Rechte diejenigen, welche im Hypothekenregister eingetragen sind. Der Antragsteller hat einen Hypothekenauszug vorzulegen; die Ergänzung des Auszugs ist erforderlichen Falles durch das Amtsgericht zu veranlassen. Die Ausgleichung der Werthminderung durch ein anderes Grundstück findet nicht statt. Die Vorschriften des Artikel 7 Absatz 2, des Artikel 9 Absatz 1 Satz 2 und des Artikel 14 bleiben außer Anwendung.

Artikel 16.

Die Vorschriften dieses Gesetzes finden keine Anwendung auf die Bodenzinse, für welche die Vorschriften des Artikel 15 des Gesetzes vom 28. April 1872, die Grundentlastung betreffend, gelten.

Artikel 17.

Für die Entscheidung, einschließlich des Verfahrens, über Anträge auf Feststellung der Unschädlichkeit werden drei Zehntheile der Sätze des § 8 des Reichs-Gerichtskostengesetzes bis zum Meistbetrag von zwanzig Mark erhoben.

Erfolgt die Veräußerung oder die Aufhebung eines Rechtes un-

Beschlüsse erster Lesung.

In der Pfalz gelten als Hypotheken auch die Vorzugsrechte und als eingetragene Rechte diejenigen, welche im Hypothekenregister eingeschrieben sind. Der Antragsteller hat einen Hypothekenauszug vorzulegen; die Ergänzung des Auszugs ist erforderlichen Falles durch das Amtsgericht zu veranlassen. Die Ausgleichung der Werthminderung durch ein anderes Grundstück findet nicht statt. Die Vorschriften des Artikel 7 Absatz 3, des Artikel 9 Abs. 1 Satz 2 und des Artikel 14 bleiben außer Anwendung. Besteht wegen einer durch ein Vorzugsrecht gesicherten Forderung auch ein Auflösungsrecht, so erlischt in Ansehung des Trennstücks mit dessen Befreiung von dem Vorzugsrechte auch das Auflösungsrecht.

Artikel 16.

Unverändert.

Artikel 17.

Unverändert.

Beschlüsse zweiter Lesung und Plenarbeschluß d. K. d. Abgeordneten.

In der Pfalz gelten als Hypotheken auch die Vorzugsrechte und als eingetragene Rechte diejenigen, welche im Hypothekenregister eingeschrieben sind. Der Antragsteller hat einen Hypothekenauszug vorzulegen; die Ergänzung des Auszugs ist erforderlichen Falles durch das Amtsgericht zu veranlassen. Die Ausgleichung der Werthminderung durch ein anderes Grundstück findet nicht statt. Die Vorschriften des Artikel 7 Abs. 3, des Artikel 9 Abs. 2 Satz 2 und des Artikel 14 bleiben außer Anwendung. Besteht wegen einer durch ein Vorzugsrecht geführten Forderung auch ein Auflösungsrecht, so erlischt in Ansehung des Trennstücks mit dessen Befreiung von dem Vorzugsrechte auch das Auflösungsrecht.

Artikel 16.

Unverändert.

Artikel 17.

Unverändert.

Gesetzestext nach den Gesammtbeschlüssen beider Kammern.

In der Pfalz gelten als Hypotheken auch die Vorzugsrechte und als eingetragene Rechte diejenigen, welche im Hypothekenregister eingeschrieben sind. Der Antragsteller hat einen Hypothekenauszug vorzulegen; die Ergänzung des Auszugs ist erforderlichen Falles durch das Amtsgericht zu veranlassen. Die Ausgleichung der Werthminderung durch ein anderes Grundstück findet nicht statt. Das Unschädlichkeitszeugniß ersetzt die Bewilligung der Berechtigten zu der Löschung ihrer Rechte an dem Trennstücke. Die Vorschriften des Artikel 9 Abs. 2, des Artikel 12 Abs. 2 Satz 2 und des Artikel 17 bleiben außer Anwendung. Besteht wegen einer durch ein Vorzugsrecht gesicherten Forderung auch ein Auflösungsrecht, so erlischt in Ansehung des Trennstücks mit dessen Befreiung von dem Vorzugsrechte auch das Auflösungsrecht.

Artikel 20.

Unverändert.

Artikel 21.

Abs. 1 unverändert.

Abs. 2 unverändert.

Regierungsvorlage.

entgeltlich zu einem öffentlichen Zwecke, so kommt die im Absatz 1 bestimmte Gebühr nicht in Ansatz.

Für das Vertheilungsverfahren nach Artikel 9 gelten in Ansehung der Gebühren und Auslagen dieselben Vorschriften wie für das Vertheilungsverfahren im Falle der Zwangsenteignung.

Beschlüsse erster Lesung.

Beschlüsse zweiter Lesung und Plenarbeschluß d. K. d. Abgeordneten.	Gesetzestext nach den Gesammtbeschlüssen beider Kammern.
	Für das Vertheilungsverfahren nach Artikel 12 gelten in Ansehung der Gebühren und Auslagen dieselben Vorschriften wie für das Vertheilungsverfahren im Falle der Zwangsenteignung.

Anhang II.

Beispiele für Anträge auf Feststellung der Unschädlichkeit und für Unschädlichkeitszeugnisse.

I. Beispiel.

Artikel 4 Abs. 1 u. 2,
Artikel 5 Abs. 1 u. 2.

A. Antrag.

Landshut, den 10. Februar 1900.

Ich beabsichtige, von meinem im Grundbuch des kgl. Amtsgerichts Landshut für die Stadt Landshut gelbes Viertel Bd. VII Blatt 148 vorgetragenen Anwesen Hs. Nr. 12 an der Neustadt zu Landshut, gelegen in der Steuergemeinde Landshut, und bestehend aus

Plan Nr. 2133a Wohnhaus, Hofraum mit Pumpbrunnen, Stallung, Remise und Abtritt zu 0,072 ha und
Plan Nr. 2133b Garten zu 0,055 ha

eine von Plan Nr. 2133b weggemessene Fläche von 0,017 ha (= 5 Dezim.) an den Fabrikbesitzer Otto Dessauer, welcher solche zu seinem angrenzenden Garten Plan Nr. 2139 1/3 ziehen will, um den bei Beurkundung des Vertrags bar zu bezahlenden Preis von 1000 ℳ zu verkaufen. Mein Anwesen, ./. welches ich laut anliegender Notariatsurkunde vom 10. April 1890 um 65000 ℳ gekauft habe, ist laut Vortrags im Grundbuch mit 52000 ℳ gegen Brandschaden versichert und mit folgenden Hypotheken belastet:

I. Mk. 36000 Kapital der Bayerischen Bank in München mit Mk. 3600 Nebenkaution und
II. Mk. 12000 Kapital der Kommanditgesellschaft A. Böhm in Landshut mit ℳ 1200 Nebenkaution.

Aus der Höhe des Ankaufpreises, der Brandversicherungssumme und der Belastung ergiebt sich für mein Anwesen ein

Werth von mindestens 60—65000 ℳ, gegenüber welchem die Werthminderung der zu veräußernden Fläche von 0,017 ha, deren Umfang zum Umfang des mir übrig bleibenden Anwesens mit 0,110 ha verhältnißmäßig gering ist, ebenfalls verhältnißmäßig nur gering ist.

Unter Anlage

a) eines Grundsteuerkatasterauszuges des kgl. Rentamts Landshut als amtlichen Nachweis der Größe des Grundstücks,

b) des Messungsoperates der kgl. Messungsbehörde Landshut für die Stadt Landshut Nr. 87 für 1899 als amtlichen Nachweis für die Größe des Trennstücks mit Plan, in welchem letzteres ersichtlich gemacht ist, und

c) eines von mir mit Herrn Otto Dessauer getroffenen Uebereinkommens über Verkauf der fraglichen Parzelle vom 15. vor. Mts., worin er sich verpflichtet, den Kaufpreis von 1000 ℳ bei Beurkundung des Vertrags bar zu bezahlen,

beantrage ich die Feststellung der Unschädlichkeit der angeführten Veräußerung gegenüber meinen genannten Hypothekgläubigern und verpflichte mich, zur Ausgleichung der Werthminderung den Betrag von 1000 ℳ bei Gericht zu hinterlegen.

Gehorsam!

N. N., Lohnkutscher.

B. Unschädlichkeitszeugniß.

Auf den Antrag des Lohnkutschers N. N. in Landshut vom 10. dss. Mts. erläßt das kgl. Amtsgericht Landshut folgenden

Beschluß.

In Erwägung, daß die durch die beabsichtigte Veräußerung einer Fläche von 0,017 ha um den Preis von 1000 ℳ*) aus dem Grundstücke Plan Nr. 2133b Garten zu 0,055 ha der Steuergemeinde Landshut entstehende Minderung dieses Grundstücks nach Umfang und Werth im Verhältniß zu dem Umfang und Werthe des übrig bleibenden Theiles dieses Grund-

*) Die Aufnahme des Kaufpreises ist, wenn der Kaufvertrag nicht bereits vorliegt, nothwendig, um eine Täuschung des Richters über den wirklichen Preis zu verhindern.

stückes Plan Nr. 2133b und des mit diesem mitverpfändeten weiteren Grundstückes Plan Nr. 2133a Wohnhaus rc. zu 0,072 ha der nämlichen Steuergemeinde eine geringe ist,

in weiterer Erwägung, daß der Antragsteller zur Ausgleichung der Werthminderung zu 1000 ℳ die Hinterlegung dieses Betrages in Geld angeboten hat,

aus diesen Gründen und in Anwendung der Artikel 1, Artikel 2 Abs. 1, Artikel 4 Abs. 1, Artikel 5 Abs. 1 u. 2 des Gesetzes vom 15. Juni 1898, das Unschädlichkeitszeugniß betr.:

Die Veräußerung einer Theilfläche von 0,017 ha aus dem Grundstücke der Steuergemeinde Landshut Plan Nr. 2133b Garten zu 0,055 ha um den Preis von 1000 ℳ *) wird, soferne zur Ausgleichung der Werthminderung der Betrag von 1000 Mk. bei Gericht hinterlegt wird, für die Berechtigten nämlich:

a) die Bayerische Bank in München bezüglich 36000 ℳ Hypothekkapital mit 3600 ℳ Nebenkaution und

b) die Kommanditgesellschaft A. Böhm in Landshut bezüglich 12000 ℳ. Hypothekkapital und 1200 ℳ Nebenkaution

als unschädlich erklärt.

Landshut, den 16. Februar 1900.

Dr. Dolbi, kgl. Amtsrichter.

II. Beispiel.

Artikel 2 Abs. 2.

(Anlage zu einem öffentlichen Zweck.)

A. Antrag.

Täfertingen, 1. November 1899.

Anläßlich der im vorigen Jahre vorgenommenen Verlegung der Distriktsstraße Neusäß-Täfertingen habe ich von meinem in der Steuergemeinde Täfertingen kgl. Amtsgerichts und Landrentamts Augsburg gelegenen Grundstücke Plan Nr. 1684 Acker

*) Siehe Fußnote voriger Seite 107.

zu 0,682 ha eine Fläche von 0,042 ha unentgeltlich an die Distriktsgemeinde Augsburg abgetreten.

Ausweislich des anliegenden Kaufvertrags vom 1. Mai 1895 G.Reg. Nr. 620 des kgl. Notars N. N. in Augsburg habe ich den Acker Plan Nr. 1684 um 1200 ℳ d. i. 6 ℳ pro Dezimale gekauft, was auch dem gegenwärtigen durchschnittlichen Verkaufspreise der Aecker gleicher Lage der Gemeinde Täfertingen entspricht, sodaß sich für die von mir abgetretene Fläche von 0,042 ha = 14 Dezimalen ein Werth von 84 ℳ berechnet. Diese Werthminderung ist aber dadurch, daß mein Acker nunmehr direkt an die Straße zu liegen kommt und mit Vermeidung des bisher notwendig gewesenen Umwegs über mehrere angrenzende Felder direkt von der Straße aus bewirthschaftet werden kann, vollständig ausgeglichen, sodaß ich das Grundstück trotz der Minderung um 14 Dezimalen nicht unter dem s. z. Kaufpreis von 1200 ℳ abgeben würde.

Der dem anliegenden Messungsoperate der kgl. Messungsbehörde Augsburg II für die Gemeinde Täfertingen Nr. 17 1897 beigefügte Plan zeigt das Trennstück und die Lage des ganzen Grundstücks und läßt ersehen, daß die Zufahrt zu letzterem bisher von der oberen Seite über drei vorliegende Felder entlang eines Raines gewesen ist, während man jetzt unten von der neuen Straße aus auf bedeutend kürzerer Strecke direkt vom und zum Acker fahren kann.

Laut Hypothekenbuchs für Täfertingen Bd. II Seite 672 ist mein bezeichneter Acker mit 1200 ℳ Kaufschillingsfristen der Handelsleute Samson Hirsch in Ichenhausen und Jakob Levisohn in Pflaumloch belastet, wovon 200 ℳ laut anliegender Quittung vom 25. April h. J. bereits bezahlt, aber nicht gelöscht sind; Samson Hirsch ist vor einigen Monaten verstorben und sind seine Erben mir nicht bekannt.

Unter Vorlage

a) meines Grundsteuerkatasterauszugs des kgl. Landrentamts Augsburg als Nachweis der Größe des Grundstücks und des Trennstücks,

b) beglaubigter Abschrift des Grundabtretungsvertrags vom 18. Juni 1898 Reg. Nr. 964 des kgl. Notars N. N. in Augsburg, inhaltlich welcher unter Nummer VII von mir die bezeichnete Fläche abgetreten worden ist, und

·/. c) Bestätigung des kgl. Bezirksamts Augsburg vom 2. Juli h. J. über bereits erfolgte Verlegung der Distriktsstraße entsprechend der im Messungsoperate behandelten Grundabtretungen,

beantrage ich, nachdem die gesetzlichen Voraussetzungen gegeben sind und durch Anrechnung der eingetretenen Werthserhöhung auf die Werthminderung letztere gedeckt, eine Ausgleichung daher nicht erforderlich ist, die Feststellung der Unschädlichkeit der bezeichneten unentgeltlichen Grundabtretung gegenüber der angeführten Hypothek.

Gehorsam!

Josef Gabler, Oekonom.

B. Unschädlichkeitszeugniß.

Auf den Antrag des Oekonomen Josef Gabler Haus Nr. 21 in Täfertingen vom 1. dſs. Mts., die Unschädlichkeit der von ihm mit Urkunde des kgl. Notars N. N. in Augsburg vom 18. Juni 1898 Reg. Nr. 964 erfolgten unentgeltlichen Abtretung einer Theilfläche von 0,042 ha = 14 Dezimalen aus seinem in der Steuergemeinde Täfertingen kgl. Amtsgerichts Augsburg gelegenen Grundstücke Plan Nr. 1684, Acker im Unterfeld zu 0,682 ha an die Distriktsgemeinde Augsburg festzustellen, beschließt das kgl. Amtsgericht Augsburg in Anwendung der Artikel 1, 2 Abs. 1 u. 2, Artikel 3 Abs. 3, Artikel 5 Abs. 1 u. 3 des Ges., das Unschädlichkeitszeugniß betr., vom 15. Juni 1898:

1. In Erwägung, daß die abgetretene Fläche von 0,042 ha im Verhältniß zum Umfang des Restgrundstücks Plan Nr. 1684 mit noch 0,640 ha ebenso wie auch der Werth dieses Trennstückes mit 84 ℳ im Verhältniß zum Werth des Restgrundstücks mit 1116 ℳ gering ist,
2. in Erwägung, daß das Trennstück zur Distriktsstraße Neusäß-Täfertingen gezogen, daher zu einem öffentlichen Zwecke und zwar unentgeltlich abgetreten worden ist,
3. in weiterer Erwägung, daß nach den vorgelegten Belegen (event. und den vom Gerichte gepflogenen Ermittelungen) durch die Verlegung der genannten Distriktsstraße eine bequemere und bessere Bewirthschaftung des Ackers

Plan Nr. 1684 ermöglicht ist und hiedurch letzteres Grundstück eine Werthherhöhung erfahren hat, welche der Werthminderung von 84 ℳ vollständig gleichkommt und solche aufhebt, weshalb bei Anrechnung dieser Werthherhöhung auf die Werthminderung eine Ausgleichung der letzteren nicht mehr erforderlich ist,

4. in endlicher Erwägung, daß laut vorliegender Bestätigung des kgl. Bezirksamts Augsburg vom 2. Juli l. J. die Distriktsstraße Neusäß-Täfertingen entsprechend dem Messungsoperate der kgl. Messungsbehörde Augsburgs II für die Gemeinde Täfertingen Nr. 12 für 1897, insbesondere unter Hereinziehung der von dem Antragsteller Jos. Gabler aus Plan Nr. 1684 abgetretenen Fläche von 0,042 ha zur Distriktsstraße bereits vollständig fertiggestellt ist,

aus diesen Gründen wird die von dem Oekonomen Josef Gabler in Täfertingen mit Urkunde des kgl. Notars N. N. in Augsburg vom 18. Juni 1898 Reg. Nr. 964 erfolgte unentgeltliche Abtretung einer Theilfläche von 0,042 ha aus dem Grundstücke Plan Nr. 1684 Acker im Unterfeld zu 0,682 ha der Steuergemeinde Täfertingen an die Distriktsgemeinde Augsburg gegenüber den Hypothekengläubigern Samson Hirsch, Handelsmann in Ichenhausen bezw. dessen Erben und Jakob Levisohn, Handelsmann in Pflaumloch, für welche auf dem Acker Plan Nr. 1684 für 1200 ℳ Kaufschillingsfristen Hypothek besteht, für unschädlich erklärt.

Augsburg, den 18. November 1899.

X. X., kgl. Amtsrichter.

III. Beispiel.

Artikel 2 Abs. 3.

(Werthminderung nicht über 50 Mk.)

A. Antrag.

Mering, den 10. Oktober 1899.

Von meinem in der Steuergemeinde Mering kgl. Amtsgerichts und Rentamts Friedberg gelegenen, von mir laut ab-

·/. schriftlich anliegender Kaufvertragsurkunde vom 20. Januar 1897 Reg. Nr. 80 des kgl. Notars Rechenauer in Friedberg um 720 Mk. erworbenen Grundstücke Plan Nr. 2436, Wiese zu 0,236 ha ·/. = 72 Dezimalen habe ich ein laut beifolgenden Messungsoperates der kgl. Messungsbehörde Bruck für die Gemeinde Mering Nr. 67/99 weggemessenes Trennstück zu 0,008 ha = 3 Dezimalen, welches aus dem dem Messungsoperate beigefügten Plane zu ersehen ist, an den Söldner Xaver Obermaier in Mering um den bereits bezahlt erhaltenen Preis von 36 ℳ verkauft und soll der Verkauf demnächst notariell beurkundet werden. Dieses Grundstück Plan Nr. 2436 ist laut Hypothekenbuchs des kgl. Amtsgerichts Friedberg für Mering Bd. V S. 2580 für 600 ℳ Kaufschillingsrest des Simon Petzold, früher Gastwirth in Mering, nun Restaurateur in Ramsau, verpfändet, welcher mir seine Zustimmung zur Abschreibung der kleinen Parzelle zwar brieflich erklärt hat, aber wegen geschäftlicher Unabkömmlichkeit und weiter Entfernung vom Sitze des nächstgelegenen Notars zur Erklärung seiner Pfandfreigabe in gesetzlicher Form wegen der ihm hierauf erwachsenden besonderen Umständlichkeiten und Kosten nicht gewillt ist.

Ich beantrage daher unter Vorlage meines Grundsteuer- ·/. katasterauszugs als Nachweis für die Größe des Grundstücks, während die Größe des Trennstücks aus dem Messungsoperate mit beigefügtem Plane zu ersehen ist, die Unschädlichkeit der bezeichneten Veräußerung, deren Werthminderung weil nicht über 50 ℳ einer Ausgleichung nicht bedarf, gegenüber meinem Hypothekgläubiger Simon Petzold festzustellen.

Gehorsam!

Georg Lichtenberger, Wagnermeister,
Nr. 1 in Mering.

B. Unschädlichkeitszeugniß.

Auf den Antrag des Wagnermeisters Georg Lichtenberger Haus Nr. 1 in Mering vom 10. dss. Mts., die Unschädlichkeit der von ihm beabsichtigten Veräußerung einer Theilfläche von 0,008 ha = 3 Dezimalen um 36 ℳ aus seinem in der Steuergemeinde Mering gelegenen Grundstücke Plan Nr. 2436 Wiese zu 0,236 ha an den Söldner Xaver Obermaier in Mering festzustellen, beschließt das kgl. Amtsgericht Friedberg in Anwendung der Artikel 1, 2 Abs. 1 u. 3, Artikel 5 Abs. 1 des Gesetzes, das Unschädlichkeitszeugniß betr., vom 15. Juni 1898,

in Erwägung, daß die durch die Veräußerung einer Fläche von 0,008 ha aus dem Grundstücke Plan Nr. 2436 Wiese zu 0,236 ha der Steuergemeinde Mering um den Kaufpreis von 36 ℳ entstehende Minderung des Umfangs und des Werthes des Grundstücks im Verhältniß zu dem Umfang und dem Werthe des Restgrundstücks eine geringe und für die Sicherheit der Hypothek des Gastwirths Simon Petzold von Mering, nun Restaurateur in Ramsau, zu 600 ℳ unschädlich ist,

in weiterer Erwägung, daß eine Ausgleichung der Werthminderung zu 36 ℳ, weil solche den Betrag von 50 ℳ nicht übersteigt, nicht erforderlich ist:

Es wird die Unschädlichkeit des Verkaufs einer Theilfläche von 0,008 ha aus dem mit 600 Mk. Kaufschilling des Gastwirthes Simon Petzold von Mering belasteten Grundstücke Plan Nr. 2436 Wiese zu 0,236 ha der Steuergemeinde Mering um den Preis von 36 ℳ gegenüber dem genannten Hypothekgläubiger ohne Ausgleichung der Werthminderung festgestellt.

Friedberg, den 25. Oktober 1899.

N. N., kgl. Amtsrichter.

IV. Beispiel.

Artikel 4 Abs. 1 u. 2,
Artikel 6, 16.
(Rückwirkende Kraft.)

A. Antrag.

Pasing, den 18. Dezember 1899.

·/. Inhaltlich der in beglaubigter Abschrift anliegenden Urkunde des kgl. Notars N. N. in München vom 20. Juni 1896 Reg. Nr. 1275 habe ich von meinem in der Steuergemeinde Pasing kgl. Amtsgerichts München II Landrentamts München gelegenen Grundstücke Plan Nr. 3157 $^1/_2$ Wiese zu 0,490 ha,
·/. welches ich laut gleichfalls anliegender Urkunde des kgl. Notars N. N. in München vom 10. Mai 1873 Reg. Nr. 718 mit

meinem Anwesen Haus Nr. 253 in Pasing von meinem Vater übernommen habe, eine laut Messungsoperats der kgl. Messungsbehörde München II Nr. 381/96 für die Gemeinde Pasing weggemessene Fläche von 0,032 ha um den Preis von 400 ℳ an meinen Nachbar Emmeran Stöber, Oekonom, Haus Nr. 254 in Pasing, verkauft. Dieses Grundstück ist mit meinem Gesammtanwesen mehrfach verpfändet und ist im Hypothekenbuche bereits vorgemerkt, daß dasselbe seitens meiner übrigen Hypothekgläubiger bedingungslos aus dem Pfandverbande frei gegeben ist, während ich eine gleiche Erklärung bezüglich des zweiten Hypothekgläubigers Johann Huber, lediger Bauernsohn von Mosach, für welchen auf meinem Anwesen 650 ℳ Vatergut, sowie Unterschlupfs- und Krankenverpflegungsanspruch versichert sind, nicht beibringen kann, weil derselbe seit 1892 nach Amerika ausgewandert ist und sein Aufenthalt unbekannt ist.

·/. Laut anliegender Bestätigung der Gemeindeverwaltung Pasing vom 21. vor. Mts. hat mein Restgrundstück Plan Nr. 3157 ½ zu noch 0,458 ha einen Werth von 4800 ℳ, sodaß der Betrag von 400 ℳ, welcher als Werth der abgetrennten zehn Dezimalen anzunehmen sein wird, im Verhältniß zum Werth des Restgrundstückes gering erscheint, wie auch der Umfang des Grundstückes nur eine geringe Minderung erlitten hat. Außerdem sind auf dem gleichen Hypothekfolium noch mein gegen Brandschaden um 12600 ℳ versichertes Anwesen und landwirthschaftliche Grundstücke mit einem Gesammtflächeninhalte von 4,372 ha für meine Hypotheken verpfändet, sodaß die an 2. Stelle nach 14000 ℳ Bankkapital nebst zehnprozentiger Nebenkaution versicherte Hypothek des Joh. Huber durch Abtrennung der um 400 ℳ verkauften Theilfläche sicher in keiner Weise gefährdet ist.

Indem ich außer den angeführten Belegen evident gestellten
·/. Grundsteuerkatasterauszug, aus welchem die frühere Größe des Grundstücks Plan Nr. 3157 ½, sowie die Größe des Trenn-
·/. stücks zu entnehmen ist, ferner das bezeichnete Messungsoperat mit Plan, in welchem das Trennstück ersichtlich gemacht ist,
·/. endlich Bestätigung der Gemeindeverwaltung Pasing vom 2. dss. Mts. über Unbekanntseins des Aufenthaltes des Johann Huber in Vorlage bringe und mich auf den Vortrag im Hypothekenbuche beziehe, beantrage ich

die Feststellung der Unschädlichkeit bezüglich der erfolgten Veräußerung einer Fläche von 0,032 ha aus meinem genannten Grundstücke Plan Nr. 3157 $^{1}/_{2}$ um 400 ℳ gegenüber dem Hypothekgläubiger Johann Huber und erbiete mich, dem letzteren die Werthminderung durch gerichtliche Hinterlegung von 400 ℳ in Geld auszugleichen, falls derselbe auf Ausgleichung besteht.

Ich beantrage daher weiter, den Johann Huber zur Erklärung aufzufordern, ob er auf Ausgleichung besteht, und wenn er innerhalb der gesetzlichen Frist ein solches Verlangen nicht stellt, das Unschädlichkeitszeugniß ohne Ausgleichung mir zu ertheilen.

Gehorsam!

Heinrich Freund, Oekonom.

B. Verfügung des Amtsrichters.

Auf den Antrag des Oekonomen Heinrich Freund in Pasing vom 18. dſs. Mts., die Unschädlichkeit bezüglich des von ihm mit notarieller Urkunde vom 20. Juni 1896 erfolgten Verkaufs einer Theilfläche von 0,032 ha aus dem Grundstücke Plan Nr. 3157 $^{1}/_{2}$ Wiese zu 0,490 ha der Steuergemeinde Pasing an den Oekonomen Emmeran Stöber um 400 ℳ festzustellen und den Hypothekgläubiger Johann Huber, lediger Bauernsohn von Mosach z. Zt. unbekannten Aufenthaltes zur Erklärung, ob er auf Ausgleichung besteht, aufzufordern, ergeht hiemit, nachdem die gesetzlichen Voraussetzungen gegeben sind und weitere Ermittlungen mit Bezug auf die vom Antragsteller vorgelegten Belege nicht erforderlich erscheinen, folgende:

a) Aufforderung.

Der Oekonom Heinrich Freund Haus Nr. 253 in Pasing hat mit Notariatsurkunde vom 20. Juni 1896 von seinem in der Steuergemeinde Pasing kgl. Amtsgerichts München II gelegenen Grundstücke Plan Nr. 3157 $^{1}/_{2}$ Wiese zu 0,490 ha eine weggemessene Theilfläche von 0,032 ha = 10 Dezimalen um 400 ℳ an den Oekonomen Emmeran Stöber Haus Nr. 254 in Pasing verkauft und unterm 18. dſs. Mts. bezüglich dieser Veräußerung die Feststellung der Unschädlichkeit beantragt; zugleich hat er sich bereit erklärt, zur Ausgleichung der Werthminderung den Betrag von 400 ℳ bei Gericht zu hinterlegen, wenn der Hypothekgläubiger Johann Huber, led. Bauernsohn von Mosach, seit 1892 nach Amerika ausgewandert und z. Zt. unbekannten Aufenthaltes, für welchen auf dem genannten Grundstücke Plan Nr. 3157 1/2 und weiteren Besitzungen des Schuldners zu 4,372 ha Hypothek für 650 ℳ Vatergut sowie für Anspruch auf freie Wohnung und Krankenpflege an II. Rangstelle auch 14000 ℳ Bankkapital nebst 1400 ℳ Zinsen und Kostenkaution eingetragen ist, auf Ausgleichung besteht.

Antragsgemäß wird, nachdem die gesetzlichen Voraussetzungen gegeben sind, der Bauerssohn Johann Huber von Mosach unter der Mittheilung, daß die Feststellung der Unschädlichkeit der bezeichneten Veräußerung bevorsteht, hiemit aufgefordert, innerhalb einer Frist von einem Monat bei unterfertigtem Gerichte mündlich oder schriftlich zu erklären, ob er auf der Ausgleichung besteht, widrigenfalls, wenn er eine solche Erklärung nicht abgibt, die Unschädlichkeit der angeführten Veräußerung ihm gegenüber ohne Ausgleichung der Werthminderung festgestellt werden würde.

b) Verfügung.

Beglaubigte Ausfertigung vorstehender Aufforderung ist in Anwendung des Artikel 7 Abs. 3 des Gesetzes, betreffend das Unschädlichkeitszeugniß, vom 15. Juni 1898

a) an die Gerichtstafel anzuheften,
b) einmal in das Amtsblatt einzurücken.

München, den 23. Dezember 1899.

N. N., kgl. Amtsrichter.

C. Unschädlichkeitszeugniß.

Auf den Antrag des x. x. erläßt das k. Amtsgericht München II,

in Erwägung, daß die Minderung des Trennstücks nach Umfang und Werth im Verhältniß zum Umfang und Werth des Restgrundstückes und des mit letzterem verpfändeten übrigen Grundbesitzes des Antragstellers gering zu erachten ist,

in weiterer Erwägung, daß eine Ausgleichung der Werthminderung zu 400 ℳ nicht für geboten erachtet wird und auch der Hypothekgläubiger Joh. Huber, Bauernsohn von Mosach, für welchen auf dem Grundstück Plan Nr. $3157^1/_2$ und weiterem Grundbesitze des Antragstellers zu im Ganzen 4,372 ha an II. Stelle nach 14000 ℳ Bankkapital und 1400 ℳ hiezu gehöriger Nebenkaution Hypothek für 650 Mk. Vatergut sowie für Anspruch auf freie Wohnung und Krankenpflege eingetragen ist, trotz Aufforderung zur Erklärungsabgabe, ob er auf Ausgleichung besteht, innerhalb der gesetzlichen Frist eine Erklärung nicht abgegeben hat, daher sein Verzicht auf Ausgleichung anzunehmen ist,

in Anwendung der Artikel 1, 2 Abs. 1 Satz 2, Artikel 5 Abs. 1, Artikel 6 und 7 des Ges., betr. das Unschädlichkeitszeugniß, vom 15. Juni 1898, folgenden

Beschluß:

Die mit Kaufvertragsurkunde vom 20. Juni 1896 G.R. Nr. 1275 des kgl. Notars N. N. in München erfolgte Veräußerung einer Theilfläche von 0,032 ha aus dem in der Steuergemeinde Pasing gelegenen Grundstück Plan Nr. $3157^1/_2$ Wiese zu 0,490 ha um 400 ℳ wird für den Hypothekgläubiger Johann Huber, Bauernsohn von Mosach bezüglich seiner genannten Hypothek ohne Ausgleichung der Werthminderung für unschädlich erklärt.

München, den 14. Februar 1900.

N. N., kgl. Amtsrichter.

V. Beispiel.

Artikel 2 Abs. 1, Artikel 3 Abs. 2,
Artikel 4 Abs. 1 u. 2, Artikel 5 Abs. 1 u. 2.

(Ausgleichung durch andere, theilweise bereits belastete Grundstücke.)

A. Antrag.

Bamberg, den 2. März 1899.

·/. Von meiner mit abschriftlich anliegender Kaufvertragsurkunde des kgl. Notars Justizrath Burkart in Bamberg vom 20. Februar 1894 G.R. Nr. 210 um 12000 ℳ erworbenen Waldung Plan Nr. $3721^1/_2$ zu 6,420 ha = 18,84 Tagw. der Steuergemeinde Bamberg kgl. Amtsgerichts Bamberg I habe ·/. ich die laut des gleichfalls anliegenden Messungsoperates der kgl. Messungsbehörde Bamberg für die Steuergemeinde Bamberg Nr. 72 für 1898 weggemessene Theilfläche von 2,852 ha = 8,37 Tagw. an die Zellstofffabrik Waldhof bei Mannheim um den Preis von 8000 ℳ verkauft und wird der Kaufpreis bei Beurkundung des Kaufvertrags von der Käuferin baar beim Notar erlegt werden. Fragliches Grundstück Plan Nr. 3721 1/2 ist laut Hypothekenbuchs des kgl. Amtsgerichts Bamberg I für die Stadt Bamberg erstes Viertel Bd. IX Seite 2586 mit meinem Anwesen Haus Nr. 167 Bierbrauerei zum Karpfen am oberen Kaulberg zu Bamberg, nämlich

Plan Nr.	1523a	Wohngebäude, Nebengebäude Stallungen, Anwesen u. Hofraum zu	0,086 ha
„	1523b	Hausgarten zu	0,178 ha
„	1523 1/2	Baumgarten zu	0,203 ha
„	1523 1/3	Brauerei u. Mälzerei zu	0,078 ha
„	1523 1/4	Eiskeller zu	0,007 ha
„	1685 u. 1685 1/2	Lagerkeller zu	0,300 ha
„	1686a u. b,	Sommerkeller mit Wirthschaftsgebäude u. Garten zu	0,228 ha
„	1784, 1785a u. b, 1789 a u. b, 2550, 2554 ꝛc. ꝛc.	Aecker u. Wiesen zu zusammen	28,570 ha
„	2894, 2894 1/2, 3002, 3003 ꝛc. ꝛc.	Waldungen zusammen zu	18,633 ha

dann sämmtlichen Anwesenspertinenzien, nämlich der Brauerei-Ein- und Vorrichtung, allen Maschinen, Gas- und Wasserleitung, Faß und Geschirr, Eis-, Kohlen- und Holzvorräthen, der Wirthschafts-Einrichtung im Sommerkeller, den Pferden, Wägen und dem gesammten lebenden und todten Inventar, für folgende Hypotheken verpfändet:

I. ℳ 120,000.— Annuitätenkapital der Württemberger Ersparnißbank in Stuttgart mit ℳ 12000.— Unterkaution,

II. ℳ 36000.— Erbtheil der Bierbrauereibesitzerskinder Lorenz, Josef, Georg, Philomene Niedermaier von Bamberg und der 3 Kinder der verstorbenen Fabrikantensgattin Klara Pummerer geb. Niedermeier von Salzburg,

III. ℳ 60000.— Kaufschillingsrest des Vorbesitzers Anton Niedermaier, z. Z. Privatmann in San Remo, welch' letzte

Hypothek für das Bankhaus Gutleben und Weidert in München verpfändet ist.

Dieses ganze Besitzthum mit Ausnahme der hier in Frage kommenden Waldung Plan Nr. 3721½ und den weiteren Waldungen Plan Nr. X. X. X. mit zusammen 2,675 ha,
·/. welch' letztere ich laut anliegender Erwerbsurkunden vom 15. April 1894, 27. September 1894 und 23. Oktober 1895 um zusammen 11400 ℳ hinzugekauft habe, habe ich laut der
·/. abschriftlich anliegenden Urkunde des kgl. Notars N. N. in Bamberg am 17. Oktober 1893 R. Nr. 1280 um 262000 ℳ
·/. gekauft. Laut anliegender gerichtlicher Schätzung vom 10. Juni 1897, welche anläßlich des von mir damals aufgenommenen Bankkapitals erfolgt ist, ist der gesammte übrige Grundbesitz, soweit er verpfändet ist, unter Abrechnung der Schätzungssumme von 10000 ℳ für Plan Nr. 3721½ und ohne die lebenden und todten Pertinenzien auf 236800 ℳ gewerthet, während die Brauerei-Einrichtung, soweit sie zu den Mobilien ge-
·/. hört, und das übrige Inventar laut anliegender Police der Versicherungsgesellschaft Helvetia um 84600 ℳ gegen Feuer versichert sind. Die Brandversicherung der Gebäulichkeiten beträgt
·/. laut anliegender Grundbuchsauszüge und Vortrags im Hypothekenbuche 116800 ℳ.

Aus diesen Belegen ergibt sich, daß die Minderung des Grundstücks Plan Nr. 3721½ durch Veräußerung einer Theilfläche von 2,852 ha um 8000 ℳ nach Umfang und Werth im Verhältniß zum Umfang und Werth des übrigen verpfändet bleibenden Gesammtbesitzes gering ist.

Außerdem erbiete ich mich meinen Hypothekgläubigern zur Ausgleichung der Werthminderung zu 8000 ℳ durch die Grundstücke Plan Nr. a, b, c u. d Aecker zu zusammen 5,480 ha der Steuergemeinde Bamberg, welche ich inhaltlich anliegender
·/. Erwerbsurkunden vom 23. und 28. Oktober 1895 u. 3. März 1897 um zusammen 14600 ℳ gekauft habe. Von diesen ist Plan Nr. a zu 0,864 ha (Ankaufspreis 1600 ℳ) hypothekfrei, während Plan Nr. b, c und d an erster Stelle mit 3000 Mk. Kaufschillingsrest und an zweiter Stelle mit 4000 ℳ Sicherungshypothek des kgl. Staatsärars für Holzgelder belastet ist. Die auf diesen Grundstücken an erster Stelle eingetragenen 3000 ℳ werden aus den von der Zellstofffabrik Waldhof zu erlegenden 8000 ℳ sofort durch den Notar bezahlt und

gelöscht, während die Sicherungshypothek zu 4000 ℳ stehen bleiben soll. Die Hypotheken meines Anwesens zu 120000 ℳ mit Nebenkaution, 36000 ℳ und 60000 ℳ sollen hienach auf Plan Nr. a an erster, zweiter und dritter Rangstelle, auf Plan Nr. b, c und d aber nach 4000 ℳ Sicherungshypothek an zweiter, dritter und vierter Rangstelle erstreckt werden. Hiedurch erhalten sie bei einem Werthe der Plan Nr. a zu 1600 ℳ

und der Plan Nr. b, c u. d zu	13000 ℳ	
abzüglich der Belastung zu	4000 „	
		9000 ℳ
eine Sicherung im Betrage von		10600 ℳ

während die Werthminderung nur 8000 ℳ beträgt.

Unter Vorlage meiner Grundsteuerkatasterauszüge über ./. sämmtliche genannte Grundbesitzungen als amtlicher Nachweis der Größe derselben beantrage ich die Feststellung der Unschädlichkeit der bezeichneten Veräußerung gegen Ausgleichung der Werthminderung zu 8000 ℳ durch die genannten Grundstücke Plan Nr. a, b, c u. d wie angeführt gegenüber sämmtlichen Hypothekgläubigern.

Gehorsam!

Emil von Braunmühl,

Guts- und Bierbrauereibesitzer.

B. Unschädlichkeitszeugniß.

Auf den Antrag des Guts- und Bierbrauereibesitzers Emil von Braunmühl in Bamberg vom 2. März heur. J., die Unschädlichkeit der Veräußerung einer Theilfläche von 2,852 ha aus dem Grundstücke Plan Nr. 3721 $^1/_2$ Waldung zu 6,420 ha der Steuergemeinde Bamberg um 8000 ℳ festzustellen, erläßt das kgl. Amtsgericht Bamberg I in Anwendung der Artikel 1, 2 Abs. 1, Artikel 3 Abs. 2, Artikel 5 Abs. 1 u. 2 des Gesetzes, das Unschädlichkeitszeugniß betr., vom 15. Juni 1898, folgenden

Beschluß:

In Erwägung, daß der Antragsteller laut der vorgelegten Erwerbsurkunden und Vortrags im Hypothekenbuche Eigenthümer des Grundstücks Plan Nr. 3721 $^1/_2$ Waldung zu 6,420 ha der Steuergemeinde Bamberg ist, welches von ihm um 12000 ℳ gekauft und von den gerichtlichen Taxatoren unterm 10. Juni 1897 auf 10000 ℳ geschätzt worden ist, weßhalb der Betrag von 10 000 ℳ als Werth dieses Grundstückes angenommen wird;

in Erwägung, daß der Antragsteller von diesem Grundstücke Plan Nr. 3721 1/2 die laut vorliegenden Messungsoperates Nr. 72/1898 weggemessene und mit Plan Nr. 3721 1/3 bezeichnete Theilfläche von 2,852 ha um 8000 ℳ an die Zellstofffabrik Waldhof in Waldhof bei Mannheim zu verkaufen beabsichtigt;

in Erwägung, daß durch Veräußerung dieser Parzelle Plan Nr. 3721 1/3 die Minderung des bisherigen Grundstückes Plan Nr. 3721 1/2 nach Umfang und Werth im Verhältniß zum Umfang und Werth des Restgrundstückes zwar eine bedeutende ist, mit dem genannten Grundstücke jedoch noch das Bierbrauereianwesen Haus Nr. 167 am oberen Kaulberg zu Bamberg, nämlich die in der Steuergemeinde Bamberg gelegenen Grundstücke Plan Nr. 1523 a ꝛc. (s. Antrag), sohin ein weiterer Grundbesitz zu 48,489 ha sammt den Anwesenspertinenzien mitverpfändet ist, welcher weiterer Grundbesitz inhaltlich der vom Antragsteller vorgelegten Belege und der vom Gerichte hierüber gepflogenen Ermittelungen einen Werth von mindestens 230 000 ℳ hat, wobei die beweglichen Zubehörungen außer Ansatz geblieben sind, und daß hienach die Minderung, welche das gesamte verpfändete Besitzthum des Antragstellers durch die Abtrennung der um 8000 ℳ veräußerten Parzelle Plan Nr. 3721 1/3 zu 2,852 ha erleidet, nach Umfang und Werth im Verhältniß zum Umfang und Werth des verpfändet bleibenden Grundbesitzes als gering zu erachten ist;

in weiterer Erwägung, daß eine Ausgleichung dieser Werthminderung zu 8000 ℳ vom Antragsteller in der Weise angeboten ist, daß die auf dem zu veräußernden Trennstücke lastenden Hypotheken in ihrem bisherigen Rangverhältnisse auf das Grundstück Plan Nr. a Acker zu 0,864 ha der Steuergemeinde Bamberg ohne vorgehende Belastung und auf die weiteren Grundstücke der nämlichen Steuergemeinde Plan Nr. b, c und d Acker zu zusammen 4,616 ha unmittelbar im Range nach 4000 ℳ Sicherungshypothek für das k. b. Staatsärar erstreckt werden, während eine auf letzteren drei Grundstücken z. Zt. eingetragene weitere Hypothek zu 3000 ℳ zur Löschung gelangen wird;

in Erwägung, daß der Mehrwerth der als Pfandobjekte angebotenen Ersatzgrundstücke nach Abrechnung der 4000 ℳ, welche auf den Plan Nr. b, c und d vorgehen dürfen, inhaltlich der vorgelegten Belege und der gepflogenen Erhebungen mindestens 8000 ℳ beträgt und die durch die Veräußerung des Trennstücks eintretende Werthminderung daher aufhebt und ausgleicht;

in endlicher Erwägung, daß mit Rücksicht auf diese Werthverhältnisse und die angebotene Ausgleichung die Sicherheit der Berechtigten nicht gefährdet oder gemindert wird,

aus diesen Gründen wird die Veräußerung der aus Plan Nr. 3721½ Waldung zu 6,420 ha der Steuergemeinde Bamberg abgetrennten neuen Parzelle Plan Nr. 3721⅓ Waldung zu 2,852 ha um 8000 ℳ gegenüber den nachgenannten Hypothekgläubigern, nämlich

a) der Württemberger Ersparnißbank in Stuttgart als erste Hypothekgläubigerin für 120 000 ℳ Annuitätenkapital nebst 12 000 ℳ Nebenkaution,

b) den Bierbrauereibesitzerskindern Lorenz, Josef, Georg und Philomene Niedermaier von Bamberg und den 3 Kindern der verstorbenen Fabrikantensgattin Klara Pummerer geb. Niedermaier in Salzburg, zusammen als zweite Hypothekgläubiger für 36 000 ℳ Kapital,

c) dem Privatmann Anton Niedermaier in San Remo als dritten Hypothekgläubiger für 60 000 ℳ Kaufschillingsrecht und

d) dem Bankhause Gutleben und Weidert in München als Pfandgläubiger des letztgenannten Hypothekgläubigers Anton Niedermaier,

für unschädlich erklärt, insoferne die Werthminderung zu 8000 ℳ durch Erstreckung der vorgenannten Hypotheken und Pfandrechte hieran nach dem bezeichneten Rangverhältnisse auf die Grundstücke der Steuergemeinde Bamberg und zwar

auf Plan Nr a Acker zu 0,864 ha ohne vorgehende weitere Belastung und

auf Plan Nr b, c und d Acker zu zusammen 4,616 ha

nach vorgehenden 4000 ℳ Sicherungshypothek des k. b. Staatsärars
ausgeglichen wird.

Bamberg, den 28. März 1899.

N. N., kgl. Amtsrichter.

VI. Beispiel.

Artikel 2 Abs. 1, Artikel 3 Abs. 2, Artikel 4 Abs. 1 u. 2, Artikel 5 Abs. 1 u. 2.

Tausch mit gegenseitiger Surrogirung der Eintauschobjekte an Stelle der Austauschobjekte.

A. Antrag.*)

Prien, den 15. Oktober 1899.

Die Unterzeichneten haben von ihren in der Steuergemeinde Wildenwarth kgl. Amtsgerichts Prien gelegenen Grundstücken

Plan Nr. x Acker zu 0,395 ha = 1,16 Tagwerk und

Plan Nr. y Acker zu 0,249 ha = 73 Dezimalen,

welche den Meßnerseheleuten Hans und Franziska Maier Haus Nr. 35 d in Sankt Salvator gehören und von ihnen mit Uebergabsvertrag des kgl. Notars Justizrath Fumian in Prien vom 25. April 1898 erworben worden sind, dann

Plan Nr. z Acker zu 0,303 ha = 89 Dezimalen,

welches laut Urkunde des nämlichen Notars vom 3. März 1894 Eigenthum der Kaufmannsgatten Fritz und Veronika Stalllechner Haus Nr. 21 in Prien ist, gegenseitig Flächen ausgetauscht und zwar

a) die Eheleute Maier an die Eheleute Stalllechner
von Plan Nr. x 0,034 ha = 10 Dezim. und
von Plan Nr. y 0,007 ha = 2 Dezim.,

dann b) die Eheleute Stalllechner an die Eheleute Maier
von Plan Nr. z 0,037 ha = 11 Dezim.

---

*) Die Formulirung der Anträge zweier oder mehrerer Eigenthümer in einem Antrage ist bei gegebenem Zusammenhange, wenn wie im gewählten Beispiele keine verschiedene Behandlung erforderlich ist, an sich zulässig und praktisch.

·/. Ausweislich des anliegenden Messungsaparates der kgl. Messungsbehörde Rosenheim für die Steuergemeinde Wildenwarth Nr. 9 für 1898 und des Planes hiezu, woraus sowohl die Trennstücke selbst wie deren Größe zu entnehmen sind, sind die von Plan Nr. x und y weggemessenen Flächen von 0,034 ha und 0,007 ha zu Plan Nr. z und die von letzterem Grundstücke weggemessene Fläche von 0,037 ha zu Plan Nr. y hinzugemessen.

Der Tausch erfolgt beiderseits unentgeltlich zur besseren Arrondirung der Grundstücke. Bei einem nach dem durchschnittlichen Werthe der Grundstücke anzunehmenden Einheitspreise von 7 ℳ für die Dezimale ergibt sich für die Grundstücke Plan Nr. x und y eine Werthminderung von 84 ℳ, für Plan Nr. z eine solche von 77 ℳ.

Die Grundstücke Plan Nr. x und y der Eheleute Maier sind laut Hypothekenbuchs des kgl. Amtsgerichts Prien für Wildenwarth Bd. III S. 542 belastet mit 900 ℳ Kaufschillingsrest der Privatiersgattin Anna Wispaur in Weihern, das Grundstück Plan Nr. z der Eheleute Stalllechner laut gleichen Hypothekenbuchs Bd. II S. 1864 mit 500 ℳ Kapital der 5 Kinder des verstorbenen Privatiers Karl Prettner in München, wovon der Wittwe Amalie Prettner bis zur Versorgung der Kinder der Zinsengenuß zusteht.

Die Ausgleichung der Werthminderung zu 84 ℳ und bezw. 77 Mk. wird durch Surrogierung der den Grundstücken zuzuschreibenden Eintauschflächen in der Weise angeboten, daß die Eheleute Maier die Zuschreibung[1]) der eingetauschten Fläche von 0,037 ha bei ihrem Grundstücke Plan Nr. y und die Eheleute Stalllechner die Zuschreibung[1]) der eingetauschten Flächen von 0,034 ha und 0,007 ha bei ihrem Grundstücke Plan Nr. z beantragen werden.

Die Ausgleichung der auf Seite der Eheleute Maier noch bestehenden Werthminderung von 7 ℳ wird von diesen durch Baarzahlung dieses Betrages angeboten.[2])

---

[1]) Künftig Vereinigung der eingetauschten Flächen mit dem Stammgrundstücke, s. § 890 Abs. 1 BGB. u. § 5 Gr.B.O.

[2]) Das Gesetz läßt leider eine Bestimmung vermissen, solche minimalen Differenzen bei der Werthausgleichung außer Berücksichtigung zu lassen, insoferne nicht ein Fall des Art. 2 Abs. 2 oder Abs. 3

./. Unter Anlage der angeführten Erwerbsurkunden und der ./. beiderseitigen Grundsteuerkatasterauszüge wird beantragt,

die tauschweise Veräußerung der bezeichneten Grundstücks-theile für unschädlich zu erklären.

Gehorsam!

Hans Maier, Meßner in S. Salvator,
Franziska Maier,
Fritz Stalllechner,
Veronika Stalllechner.

B. Unschädlichkeitszeugniß.*)

Auf den Antrag der Meßnersehegatten Hans und Franziska Maier Haus Nr. 35d in Sankt Salvator und der Kaufmannsehegatten Fritz und Veronika Stalllechner, Haus Nr. 21 in Prien vom 15. vor. Mts., die Unschädlichkeit der Veräußerung mehrerer von ihnen vertauschten Grundparzellen gegenüber ihren Hypothekgläubigern festzustellen, erläßt das kgl. Amtsgericht Prien in Anwendung der Artikel 2 Abs. 1, Artikel 3 Abs. 1 u. 2, Artikel 4 Abs. 1 u. 2, Artikel 5 Abs. 1 u. 2 des Gesetzes, betreffend das Unschädlichkeitszeugniß, vom 15. Juni 1898, folgenden

Beschluß.

In Erwägung, daß die Meßnersehegatten Hans und Franziska Maier Haus Nr. 35d in Sankt Salvator und die

---

gegeben ist. Letztere Bestimmung insbesondere darf nicht etwa dahin ausgelegt werden, daß die Werthminderung, wenn sie im Ganzen 50 Mk. übersteigt, nur bezüglich des Mehrbetrages über 50 Mk. ausgeglichen werden muß, und bezüglich des dann noch nicht ausgeglichenen Betrags, weil solcher nicht mehr den Betrag von 50 Mk. übersteigt, eine Ausgleichung nicht notwendig wäre. Eine derartige Auslegung würde nicht bloß dem klaren Wortlaut des Gesetzes, sondern auch dessen Absicht und Zweck diamentral zuwider laufen. Es bleibt daher, da gerade für solche Tauschverträge, wie im Beispiel gewählt, die Anwendung des Gesetzes sehr wünschenswerth und praktisch ist, Nichts übrig als eine Ausgleichung der durch den Werth des Eintauschobjektes noch nicht ausgewiesenen Werthsminderung durch Baarzahlung.

*) Auch die Bescheidung eines gemeinschaftlichen Antrages mehrerer Eigenthümer in einem Beschlusse (Unschädlichkeitszeugniß) ist, wenn einfach gelagert und ohne Verwirrung möglich, an sich zuläßig, nur hat für jeden Antragsteller gesonderte Gebührenbewerthung nach dem Werthe seines Austauschobjektes zu erfolgen.

Kaufmannsehegatten Fritz und Veronika Stalllechner Haus Nr. 21 in Prien, Erstere als Eigenthümer der Grundstücke

Plan Nr. x Acker zu 0,395 ha und Plan Nr y Acker zu 0,249 ha

und Letztere als Eigenthümer des Grundstücks

Plan Nr. z Acker zu 0,303 ha,

sämmtliche Grundstücke in der Steuergemeinde Wildenwarth kgl. Amtsgerichts Prien, einzelne Parzellen aus diesen Grundstücken gegenseitig unentgeltlich vertauscht haben und zwar

a) die Ehegatten Maier aus Plan Nr. x eine Fläche von 0,034 ha = 10 Dezimalen und aus Plan Nr. y eine Fläche von 0,007 ha = 2 Dezimalen an die Ehegatten Stalllechner und hingegen

b) die Ehegatten Stalllechner aus Plan Nr. z eine Fläche von 0,037 ha an die Ehegatten Maier;

in Erwägung, daß die Ehegatten Maier und Stalllechner unterm 15. vor. Mts. beantragt haben, die Unschädlichkeit dieser tauschweisen Veräußerung ihrer Grundstückstheile gegenüber ihren Hypothekengläubigern festzustellen;

in Erwägung, daß die Legitimation der Antragsteller als Eigenthümer der bezeichneten Grundstücke durch die vorgelegten Erwerbsurkunden und Grundsteuerkatasterauszüge erbracht ist;

in weiterer Erwägung, daß sowohl die Minderung des Umfangs der veräußerten Trennstücke im Verhältniß zum Umfang der Restgrundstücke beider Antragsteller als auch die Werthminderung, welche auf Grund der vorgelegten Belege bezüglich der Plan Nr. x und y zusammen 84 ℳ und bezüglich Plan Nr. z 77 ℳ beträgt, im Verhältniß zum Werth der Restgrundstücke Plan Nr. x, y und z gering ist;

in weiterer Erwägung, daß die Antragsteller die Ausgleichung dieser Werthminderung dadurch angeboten haben, daß sie gegenseitig die von ihnen eingetauschten Parzellen an Stelle der ausgetauschten Parzellen ihren Hypothekgläubigern durch Zuschreibung bei den Grundstücken, von welchen die vertauschten Grundstückstheile weggemessen sind, als Pfand unterstellen, wodurch die Werthminderung, welche das Grundstück Plan Nr. z im Betrag von 77 ℳ erleidet, vollständig und die Werthminderung der Grundstücke Plan Nr. x und y zu 84 ℳ bis zum Betrag von 77 ℳ ausgeglichen wird, während die Ehegatten Maier die weitere Ausgleichung der dann noch bestehenden Werthminderung ihrer Grundstücke Plan Nr. x und y zu 7 Mk. durch Barzahlung dieses letzteren Betrages angeboten haben;

in endlicher Erwägung, daß diese angebotene Ausgleichung mit Berücksichtigung der Werthverhältnisse der in Frage stehenden Grundstücke und der zu veräußernden Trennstücke vollständig entsprechend ist,

aus diesen Gründen beschließt das unterfertigte kgl. Amtsgericht Prien:

Die unentgeltliche tauschweise Veräußerung

a) einer Fläche von 0,034 ha aus
Plan Nr. x Acker zu 0,303 ha der Steuergemeinde Wildenwarth und
einer Fläche von 0,007 ha aus
Plan Nr. y Acker zu 0,249 ha der nämlichen Steuergemeinde

seitens der Meßnersehegatten Hans und Franziska Maier in Sankt Salvator an die Kaufmannsehegatten Fritz und Veronika Stalllechner in Prien,

dann

b) einer Fläche von 0,037 ha aus
Plan Nr. z Acker zu 0,303 ha der nämlichen Steuergemeinde,

seitens der Ehegatten Stalllechner an die Ehegatten Maier wird gegenüber den Hypothekgläubigern

ad a) der Ehegatten Maier, nämlich
der Privatiersgattin Anna Wispaur in Weihern, für welche auf Plan Nr. x und y 900 ℳ Kaufschillingsrest eingetragen sind und

ad b) der Ehegatten Stalllechner, nämlich
den 5 Kindern des verstorbenen Privatiers Karl Prettner in München, für welche auf Plan Nr. z 500 ℳ Darlehenskapital eingetragen sind,
und der Privatierswittwe Amalie Prettner in München als Nutznießerin dieser 500 ℳ,

für unschädlich erklärt, insoferne

ad a) zur Ausgleichung der Werthminderung zu 84 ℳ bezüglich der Plan Nr. x und y die Ehegatten Maier die von ihnen einzutauschende Fläche von 0,037 ha aus Plan Nr. z als Bestandtheil ihres Restgrundstückes Plan Nr. y durch Zuschreibung bei letzterem Grundstücke erklären und der darauf an erster und einziger Stelle eingetragenen Hypothek der Frau Anna Wispaur zu 900 ℳ verpfänden und zur Ausgleichung der dann noch bestehenden Werthminderungsdifferenz den Betrag von 7 Mk. bar hinterlegen, und

ad b) die Ehegatten Stalllechner zur Ausgleichung der Werthminderung zu 77 ℳ bezüglich ihres Grundstücks Plan Nr. z die von ihnen einzutauschenden Flächen von 0,034 ha aus Plan Nr. x und von 0,007 ha aus Plan Nr. y als Bestandtheil ihres Restgrundstückes Plan Nr. z erklären und der hierauf an erster und einziger Stelle eingetragenen Hypothek der 5 Kinder Prettner zu 500 ℳ verpfänden.

Prien, den 8. November 1899.

N. N., kgl. Amtsrichter.

Alphabetisches Sachregister.

(Die Zahlen bezeichnen die Seiten.)

A.

C.

D.

E.

F.

M.

N.

W.

FSC
www.fsc.org
MIX
Papier | Fördert gute Waldnutzung
FSC® C083411

Kolibri 360 GmbH
Ferdinand-Jühlke-Straße 7
99095 Erfurt, Deutschland
produktsicherheit@kolibri360.de